Les dix plaies d'Internet

Les dangers d'un outil fabuleux

DOMINIQUE **MANIEZ**

Les dix plaies d'Internet

Les dangers d'un outil fabuleux

DUNOD

978-2-10-051586-8

Table des matières

Introduction . . . . **IX**

Chapitre 1 – La googelisation des esprits. **1**

Une histoire à succès, mais... 1

Opacité du PageRank 3

Le fantasme de la totalité 7

Messieurs les censeurs ! *8*

Google Book Search *9*

L'irrespect du droit d'auteur *14*

Le modèle économique de Google. 16

Les clics frauduleux. *18*

La concurrence déloyale de Adwords *19*

Google et les données personnelles 19

Les alternatives à Google 24

Entrer en résistance 26

Chapitre 2 – La logique du peer **29**

Déni de justesse 29

Rappel technique sur le P2P. 31

Notions élémentaires sur le droit d'auteur 32

Droit d'auteur, copie privée et P2P. 34
Les palinodies juridiques de la loi DADVSI 37
Le droit d'auteur remis en cause 40
Du respect du droit moral. 45
La position ambiguë des FAI 46
Les résultats de la mission Olivennes. 48
À la recherche d'un équilibre délicat. 50

Chapitre 3 – Information ou manipulation ? 53

Vitesse et précipitation 55
Que d'hoax, que d'hoax ! 57
Les pseudo-virus 58
Les fausses opérations humanitaires 59
La prévention des catastrophes surnaturelles. 59
La variante lyonnaise de Penny Brown 60
Le marketing viral. 62
Vers un nouveau modèle de la validation de l'information ? . 64
Wikipédia 66
Un projet encyclopédique mouvant 67
Une encyclopédie sans auteurs. 70
Une bande d'irresponsables 71
Un combat acharné entre partisans et détracteurs 71
Réapprendre à douter 74

Chapitre 4 – Le mythe du Web 2.0 75

En quête d'une définition du Web 2.0 75
Origine du terme Web 2.0 76
À la recherche des foules intelligentes. 79
Le culte de l'amateur 82
Les réseaux sociaux 86
Vive le Web 3.0 ! 88

Chapitre 5 – La fracture numérique générationnelle 91

Le mythe du geek adolescent 92

Les usages d'Internet chez les ados 93

Le rôle des parents 95

Vous avez dit culture numérique ?. 95

Surveiller et punir 98

Risques juridiques de la pratique informatique des ados 101

La fracture numérique générationnelle révélatrice du malaise familial ? 103

Chapitre 6 – J'écris, donc je suis ! 105

Écrire pour exister sur le Net 105

Commentez, commentez, il en restera toujours quelque chose ! 107

Blogs à part 110

Tous journalistes ? 115

Lecteurs de nous-mêmes 117

Chapitre 7 – Le copier-coller, nouvelle discipline universitaire. . 119

Le concept de plagiat 120

Le droit de citation. 121

Plagiat et droit d'auteur *123*

Le plagiat chez les lycéens et les étudiants 124

Les fausses bonnes solutions des profs 128

Remèdes contre ce fléau 130

Chapitre 8 – L'illusion pédagogique des « TICE » 133

Le baladeur des gens heureux 136

De l'art de bien présenter 139

Les TICE, instruments de la contre-révolution 140

Inhumain, trop inhumain 141

Chapitre 9 – Larvatus prodeo (j'avance masqué) 143

Troubles d'identité 144

L'anonymat de l'auteur 145

Un peu de modération 148

L'arme absolue contre le spam 150

Chapitre 10 – Privés de vie privée 157

Un problème vieux comme l'informatique 158

La loi Informatique et libertés 160

Le problème du spam 164

L'insécurité sociale des réseaux 168

Pour une prise de conscience collective 170

Conclusion 173

Bibliographie 177

Index 179

Introduction

Cet ouvrage n'est pas un pamphlet contre Internet ! On n'y retrouvera donc pas les antiennes habituelles à l'égard de la Toile qui est vite accusée d'être à l'origine de tous les maux de la société. Par conséquent, je me garderai bien de ne voir dans Internet qu'un immense marché pornographique et je ne prétendrai pas que l'utilisation intensive du chat est l'unique cause des lacunes en orthographe de la jeune génération, même si chacun peut constater que ces phénomènes sont bien réels.

Le titre de cet ouvrage fait bien évidemment référence à un passage de l'Exode, mais on évitera de tenter un parallèle entre les dix plaies d'Égypte et les plaies que je dénonce. Google, jusqu'à preuve du contraire, ne change pas l'eau en sang, ni la poussière en moustiques, même si l'on constate parfois quelques bugs dans le fonctionnement du célèbre moteur de recherche. Pour autant, les connotations religieuses sont très présentes dans les discours de tous ceux qui considèrent Internet comme une véritable Terre promise, lieu de prédilection de toutes les nouvelles utopies. Cette dimension mystique a d'ailleurs été brillamment démontrée par Philippe Breton dans un ouvrage malheureusement épuisé, *Le culte de l'Internet*[1]. Internet y est souvent présenté comme un lieu idéal, facteur de progrès social, qui favorise la connaissance universelle.

Dans ces conditions, il est terriblement difficile de ne pas passer pour un réactionnaire quand on souhaite critiquer certains usages d'Internet, tant le sujet est empreint d'un binarisme ambiant qui divise

1. *Le culte de l'Internet. Une menace pour le lien social ?*, La Découverte, 2000. Ce livre est absent des librairies et on ne le trouve pas plus sur Internet. En revanche, il est empruntable dans les bonnes bibliothèques...

le monde en technolâtres et en technophobes. Les premiers vivent en général d'Internet et cherchent à évangéliser le maximum de fidèles quand les seconds jettent un regard très critique sur ce nouveau mode de communication dont, bien souvent, ils ne maîtrisent pas toutes les subtilités technologiques. Existe-t-il une troisième voie entre anathème et technolâtrie qui consisterait à montrer comment mieux utiliser ce fantastique outil ? Est-il envisageable de redonner aux internautes le sens critique qu'ils ont tendance à perdre quand ils surfent sur la Toile ? En tous les cas, c'est le but que je me suis fixé en rédigeant cet ouvrage : proposer une lecture critique des usages d'Internet en analysant des thématiques qui sont relativement peu traitées ou bien en posant des questions que l'on ne se pose plus du tout, tant nous nous sommes approprié les nouvelles technologies qui font désormais partie intégrante de notre quotidien. Il faut se réjouir de la massification des usages d'Internet en France car cet outil recèle déjà des joyaux inestimables, mais il ne faut pas pour autant baisser la garde et perdre tout esprit critique face aux services innombrables qui ne manquent pas d'apparaître tous les jours. L'objectif assigné est en fait extrêmement simple : passer au crible les usages quotidiens d'Internet de manière à faire remonter à la conscience tous les enjeux que la banalisation des pratiques nous empêche de voir clairement.

Pour autant, on ne traitera pas de tous les maux d'Internet et, par exemple, on ne parlera pas des prédateurs sexuels qui hantent les forums à la recherche d'adolescents et dont les journaux se font régulièrement l'écho. Cet aspect d'Internet existe et il faut évidemment le combattre, mais ce n'est pas mon propos. De la même manière, je n'évoquerai pas non plus les problèmes de la cybercriminalité (phishing, fraude à la carte bancaire, hacking et autres joyeusetés). Encore une fois, il n'y a pas lieu de minimiser les problèmes relatifs à la sécurité informatique, mais ils ne font partie de mon champ d'investigation. Ce qui m'intéresse ici est à mes yeux quelque chose d'encore plus affreux, même si cela frappe moins les esprits et ne fait pas la une du 20 heures. Il s'agit de quelque chose de beaucoup plus insidieux et qui aura sans doute plus de conséquences néfastes ; en fait, si nous n'y prenons pas garde, nous allons tout simplement détruire notre modèle culturel qui est en train de subir de tels assauts qu'il menace de s'effondrer. Le propos peut paraître excessif, mais je reste persuadé que mes craintes sont légitimes et, en tant que parents ou pédagogues, nous devons nous demander si nous n'avons pas joué à l'apprenti sorcier avec cet outil qu'est Internet. Car le problème est bien celui de nos enfants : quel modèle culturel allons-nous leur léguer avec Internet ? Quelle représentation de la connaissance allons-nous promouvoir ? L'objet de ce livre est finalement de montrer que l'utilisation irraisonnée que nous faisons d'Internet induit une conception du savoir qui est extrêmement pauvre. J'ai bien le sentiment de reproduire ici le discours que mes parents avaient à l'égard de la télévision, mais la situation n'est cependant pas analogue. Internet est aujourd'hui bien plus présent dans nos vies que ne l'était la télévision il y a une trentaine d'années ; d'autre part, Internet est un moyen de communication qui n'est pas unidirectionnel, ce qui change singulièrement la donne.

Afin d'illustrer mon propos, je ne prendrai qu'un seul exemple qui me paraît emblématique : quand nous effectuons une recherche à l'aide de Google, que savons-nous véritablement de la manière dont sont classés les résultats de recherche ? Or, dans l'immense majorité des cas, nous confions à ce moteur de recherche, dont nous connaissons finalement fort mal tous les tenants et les aboutissants, la totalité des requêtes que nous effectuons (parfois plusieurs dizaines de recherches par jour). Dans ces conditions, est-il bien raisonnable d'utiliser un outil si peu transparent qui, de fait, sert de filtre exclusif à notre accès à l'information sur Internet ?

Si j'ai voulu écrire cet ouvrage, c'est aussi pour informer les parents sur le mauvais usage que peuvent faire les adolescents d'Internet. On peut parler à présent de fracture numérique générationnelle tant certains parents se trouvent démunis face à Internet et ne comprennent pas un traître mot de ce que font leurs enfants devant leur ordinateur. Ce livre a ainsi pour but d'alerter les parents et les incitera à instaurer un dialogue avec leur progéniture sur leur utilisation d'Internet. Qu'on le veuille ou non, il faudra bien un jour ou l'autre régler les problèmes posés par le téléchargement illégal d'œuvres protégées par le droit d'auteur ; il est préférable que les parents discutent avec leurs enfants et exercent un contrôle plutôt que d'être mis devant le fait accompli une fois que la ligne Internet aura été coupée et que les amendes auront été distribuées.

Il paraît également nécessaire d'attirer l'attention des parents et des enseignants sur l'usage massif du copier-coller chez les lycéens et les étudiants. Si l'on veut apprendre à la jeune génération à penser par soi-même, il est nécessaire que chacun prenne la mesure du problème et mette tout en œuvre pour l'éradiquer.

Quant au chat, ce n'est pas tant la dysorthographie qu'il génère qui est inquiétante, mais plutôt l'addiction dont sont victimes certains adolescents.

L'arrivée brutale et massive d'Internet a modifié profondément certains aspects de notre vie quotidienne et face à cette déferlante nous avons perdu pour partie ce que l'on appelait autrefois le bon sens, ce sixième sens qui nous incite à ne pas prendre pour argent comptant tout ce que l'on nous raconte. Or, sur Internet, tout est pensé, conçu, organisé pour que règne le temps réel, cette immédiateté qui nous donne l'illusion de vivre plus intensément. Cette dictature de la rapidité, de la vitesse et de la précipitation ne fait pas bon ménage avec la prudence, le recul et la prise de distance. C'est la raison pour laquelle nous nous surprenons parfois à retransmettre des *hoaxes* (canulars), à faire une confiance aveugle aux informations que nous lisons dans Wikipédia ou bien encore à céder au *buzz* ambiant dont le Web 2.0, figure mythique de la modernité du réseau, semble être le digne représentant actuel.

Un autre problème plus sournois nous guette : c'est celui de la protection de nos données personnelles et de notre vie privée sur Internet. Nous en subissons tous de plein fouet un des effets immédiats sous la forme de tonnes de spam qui se déversent quotidiennement dans nos boîtes aux lettres électroniques. Ce n'est malheureusement qu'un des aspects du problème. Aujourd'hui, avec l'explosion du commerce en ligne et la vogue des réseaux sociaux, la protection des données personnelles est devenue une utopie et le fichage des individus a atteint un niveau inacceptable.

Il est possible qu'à la lecture de cet ouvrage, vous vous mettiez à douter d'Internet et soyez tenté de délaisser ce merveilleux outil. Ce n'est pas la bonne attitude à adopter : vous devez effectivement mettre en doute ce que vous lisez sur Internet et remettre en cause certaines pratiques, mais il ne faut surtout pas abandonner ce beau moyen de communication dont nous commençons à peine à découvrir les possibilités. Considérez les erreurs que je pointe dans ce livre comme des péchés de jeunesse et corrigez le tir ; vous allez alors surfer de manière plus responsable et vous ne garderez que les bons côtés d'Internet et Dieu sait s'ils sont nombreux ! Le Web constitue notamment un excellent complément au livre et vous trouverez, à cet égard, sur le site des éditions Dunod (ainsi que sur mon site personnel, www.cosi.fr), des compléments électroniques à cet ouvrage (bibliographie plus étendue au format XML et adresses Web des documents mentionnés, classées par chapitre).

Il faut enfin prendre ces critiques avec recul, afin de remettre les choses à leur juste place. Internet ne va pas plus sauver notre monde qu'il ne le met en péril car la planète est menacée par des problèmes encore beaucoup plus graves ; en clair, la vraie vie est ailleurs que sur Internet et pas dans Second Life...

1

La googelisation des esprits

UNE HISTOIRE À SUCCÈS, MAIS...

Dans le cadre des Rewics 2007[1], à l'issue d'une conférence que j'avais intitulée « La Google story, une trop belle histoire ? », je fus pris à partie sans ménagement par quelques jeunes adultes qui manifestèrent leur profond désaccord à l'égard de mon propos. Il faut avouer que pendant une heure j'avais dit tout le mal que je pensais du célèbre moteur de recherche et visiblement j'avais blasphémé et porté atteinte au mythe. Ainsi, quelques voix s'élevèrent dans l'assistance et répondirent en écho à ma critique :

– Je passe ma vie sur Google !

– Avec Google, je trouve tout ce que je veux.

– Grâce à Gmail, je peux conserver tous mes courriers électroniques et je les retrouve instantanément.

De tels propos laudatifs dans la bouche des adolescents ne sont pas rares et l'heure que je venais de passer à essayer de montrer la part d'ombre de Google n'avait assurément pas convaincu la jeune génération qui n'était pas prête à voir se fissurer l'image de leur logiciel favori. En effet, beaucoup de gens adorent Google et ne comprennent pas

1. http://www.rewics.be/

bien que l'on veuille chercher des poux dans la tête d'une entreprise qui leur simplifie la vie et dont ils ne sont pas prêts à se passer.

Revenons en quelques chiffres sur un succès foudroyant : Google a été fondé le 7 septembre 1998. Son introduction en bourse a eu lieu le 19 août 2004 et l'action valait ce jour-là 85 $. Trois ans plus tard, le cours de l'action dépasse les 600 $ et la capitalisation boursière atteint les 150 milliards de dollars. Le chiffre d'affaire ne cesse bien sûr de progresser ainsi que le nombre d'employés (plus de 10 000 à la fin de l'année 2006 et une vingtaine d'embauches par jour).

Ces chiffres sont éloquents et témoignent du succès incontestable de Google qui est aujourd'hui devenu un acteur incontournable de la recherche d'information sur Internet. Les esprits des internautes sont à ce point marqués que bon nombre d'utilisateurs d'ordinateurs assimilent Google au Web ; pour eux, c'est la même chose et on les voit d'ailleurs bien souvent saisir l'adresse d'un site Web dans la zone de recherche de Google au lieu de la saisir directement dans la barre d'adresse du navigateur Internet. Rapidité de la recherche, meilleure pertinence des résultats par rapport à ses concurrents, simplicité et sobriété de la page d'accueil sont autant de facteurs qui expliquent cette réussite sans précédent. Il faut aussi souligner que le succès appelant le succès, Google a su s'imposer chez les utilisateurs en multipliant les partenariats avec des constructeurs d'ordinateurs ou des éditeurs de logiciels pour que la solution Google soit installée d'office avec un matériel ou un logiciel. Par exemple, si l'on n'y prend pas garde, la barre d'outils Google est installée automatiquement quand on télécharge le navigateur Firefox.

Ce plébiscite des utilisateurs va de pair avec l'aura que recueille Google auprès des informaticiens qui ne rêvent que d'être embauchés dans cette société mythique qui fait tout pour rendre heureux ses salariés. Le moindre reportage, article, livre ou documentaire sur la société de Mountain View ne manque pas de souligner les nombreuses installations sportives qui sont à la disposition des employés (allez sur Google Earth et vous verrez les piscines…) ainsi que (liste non exhaustive qui frise l'inventaire à la Prévert) les baby-foot, la cantine gratuite et variée, le salon de massage, le salon de coiffure, la prime écolo pour acheter une voiture hybride et les fameux 20 % de temps que chaque ingénieur peut consacrer aux projets de recherche de son choix. Si l'on rajoute à cela que les créateurs de Google sont jeunes, beaux, célibataires et qu'ils sont restés étonnamment simples malgré leur immense richesse, il faut vraiment être sacrément aigri, atrabilaire et jaloux pour vouloir critiquer cette si belle *success story*. Rendez-vous compte : ils veulent organiser toute l'information mondiale et vous la rendre accessible ; en plus, ils utilisent des logiciels libres et ils fréquentent Burning Man[1]...

En fait, il y a deux problèmes majeurs dans ce tableau idyllique : Google est devenu aujourd'hui ultra majoritaire dans certains pays et sa situation frise le monopole (85 % de parts de marché en France, 91 % en Allemagne et aux Pays-Bas et 99 % en Espagne...). Cette situation a encore été aggravée en 2007 par le rachat de DoubleClick, société spécialisée dans la vente de bannières publicitaires, ce qui a entraîné une enquête de la *Federal Trade Commission*, autorité américaine qui veille au respect des lois antitrust. Si l'ensemble de nos requêtes d'information passe par Google, le moteur de recherche devient alors la figure métaphorique du Ministère de la vérité décrit par Orwell dans 1984. Or la formation de l'esprit passe par la diversité, la confrontation des points de vue et non pas le prisme d'une seule société, fût-elle bien cotée au Nasdaq.

L'autre écueil vient du manque de transparence de Google et il est paradoxal de voir une société qui veuille mettre à la disposition des utilisateurs l'information mondiale être aussi discrète sur les techniques qu'elle emploie. Cette culture du secret que l'on retrouve à tous les niveaux de la société ruine indubitablement la confiance que l'on pourrait accorder à Google.

OPACITÉ DU PAGERANK

Pour schématiser, nous (je m'inclus dans cette totalité) confions aujourd'hui quasiment toutes nos recherches d'information à Google. Mais, au fond, que savons-nous de la manière dont Google travaille pour afficher les résultats de la recherche ? Quels sont les éléments qui sont portés à notre connaissance pour expertiser la technologie sous-jacente au moteur de recherche ? Je comprends bien que Google ne souhaite pas révéler tous les détails de son moteur de recherche et qu'il s'agisse là d'un secret de fabrique, mais nous sommes sans nul doute en droit de connaître au moins les grandes lignes de ce qui se passe sous le capot.

L'enquête n'est pas facile à mener car Google est bien chiche sur les principes technologiques qui gouvernent son moteur de recherche.

1. Burning Man est le nom d'un festival dans le désert du Nevada qui réunit à la fin du mois d'août plusieurs dizaines de milliers de participants épris de contre-culture et de révolution sociale.

Néanmoins, je vous incite à aller lire ce qui est dit sur son site Web[1]. On y apprend que le principal élément du logiciel est le « PageRank, un système de classement des pages Web mis au point par les fondateurs de Google (Larry Page et Sergey Brin) à l'université de Stanford ». Le PageRank (qui signifie en anglais classement des pages, mais est aussi un jeu de mots sur le patronyme de l'un des deux fondateurs de Google) est donc l'algorithme qui permet de hiérarchiser les informations moissonnées par Google. Sur la même page du site Web de Google, le PageRank est défini de la manière suivante :

« PageRank est un champion de la démocratie : il profite des innombrables liens du Web pour évaluer le contenu des pages Web et leur pertinence vis-à-vis des requêtes exprimées. Le principe de PageRank est simple : tout lien pointant de la page A à la page B est considéré comme un vote de la page A en faveur de la page B. Toutefois, Google ne limite pas son évaluation au nombre de « votes » (liens) reçus par la page ; il procède également à une analyse de la page qui contient le lien. Les liens présents dans des pages jugées importantes par Google ont plus de « poids », et contribuent ainsi à « élire » d'autres pages ».

Dans *Google Story*[2], David Vise explique que le modèle qui a prévalu à l'élaboration du PageRank est celui des revues scientifiques :

« Page avait une théorie. Compter le nombre de liens pointant vers un site Web était un moyen de mesurer la popularité de ce site. Alors que la popularité et la qualité ne vont pas forcément de pair, Brin et Page, tous les deux, avaient grandi dans un milieu où l'on attache de l'importance à la recherche qui est publiée dans des revues scientifiques avec des citations. Les liens, dans un certain sens, rappelaient à Page les citations. Les scientifiques ont l'habitude de citer les articles sur lesquels ils basent leurs travaux et ces citations sont un moyen pratique de mesurer l'influence d'un chercheur dans la communauté scientifique et universitaire ».

David Vise fait ici référence à la notion de facteur d'impact[3] (*impact factor*) qui est un indice statistique qui mesure le nombre de citations dans les périodiques scientifiques. Cette analogie à la communauté scientifique est censée constituer un brevet d'honorabilité, mais de nombreux chercheurs s'élèvent contre la tyrannie du facteur d'impact qui est un critère beaucoup plus quantitatif que qualitatif. Nous ne

1. http://www.google.fr/intl/fr/why_use.html
2. *Google story*, Dunod, 2006
3. http://urfist.univ-lyon1.fr/FacteurImpact.pdf

devons d'ailleurs jamais perdre de vue que le PageRank est calculé par des algorithmes qui sont d'une manière générale bien meilleurs pour apprécier la quantité que la qualité. Google fait donc dans le quantitatif et accréditer la thèse que cela a un quelconque rapport avec la pertinence relève de l'escroquerie intellectuelle. Prenons un cas d'école : si vous recherchez dans Google des documents sur l'holocauste, rien n'interdit théoriquement que le premier document qui s'affiche dans la liste des résultats soit une page Web qui remette en cause la réalité de cet événement historique. Il suffit que cette page soit citée par un très grand nombre d'autres pages Web pour que cela se produise ; on mesure ainsi la logique perverse de ce système car quand je souhaite dénoncer le caractère ignoble d'une page Web, je lui fais quand même de la publicité en la citant et je fais ainsi augmenter son PageRank.

Dans son pamphlet contre Google[1], Barbara Cassin, dénonce également cette logique quantitative que l'on retrouve dans le classement de Shanghai qui est censé mesurer la valeur des universités.

Mais le facteur d'impact est aussi une notion statistique qui peut être biaisée par des chercheurs soucieux de leur notoriété (cela doit bien exister). Par exemple, si un groupe de chercheurs décide de s'entendre pour citer mutuellement leurs travaux dans leurs articles, cela fera mécaniquement augmenter leur facteur d'impact. Bien évidemment, il ne s'agit là que d'une hypothèse malveillante sortie tout droit de mon imagination paranoïaque et la réalité, tout au moins consciente, est d'une tout autre nature. On verra un peu plus loin qu'il est quand même possible de tricher avec le PageRank…

On comprend donc l'idée générale que la pertinence d'une page Web, selon Google, se fonde sur le nombre de citations de cette page Web. Il y a donc une analogie entre la popularité et la pertinence, ce qui permet à Google de clamer le caractère démocratique de son moteur de recherche. Devant une telle énormité, on n'arrive pas vraiment à savoir s'il s'agit d'ignorance, de naïveté ou bien de rouerie ; c'est d'ailleurs un sentiment général que l'on retrouve face à de nombreuses affirmations des dirigeants de Google : se moquent-ils vraiment de nous ou bien sont-ils suffisamment ingénus pour ne pas voir les effets secondaires de leur technologie ? D'où vient cette désinvolture à l'égard des questions éthiques et politiques posées par Google ? On peut sans doute incriminer une certaine forme du pragmatisme américain et le fait qu'à trop étudier les mathématiques et l'informatique on en arrive à négliger les sciences humaines et sociales. L'argument final

1. *Google-moi : la deuxième mission de l'Amérique*, Albin Michel, 2007

est que le projet de recherche qui devait déboucher sur un doctorat de l'université de Stanford s'est transformé en une société cotée en bourse, ce qui change quand même la perspective. Nous verrons plus loin que la pression des actionnaires permet d'ailleurs de passer outre certains principes canoniques qui n'auraient pourtant jamais dû être transgressés.

Le PageRank qui se prétend le champion de la démocratie est bel et bien une boîte noire[1] et l'idéal démocratique ne saurait souffrir ce manque de transparence. Mais il n'est peut-être pas très pertinent de s'appesantir sur le PageRank car Google reconnaît qu'il n'est pas l'unique critère de tri des résultats de recherche et que des webmestres malintentionnés peuvent tenter de le manipuler. Ainsi, dans un documentaire diffusé sur Arte en mai 2007[2], Franck Poisson (ex Directeur général de Google France) nous dit qu'« il faut savoir que derrière l'algorithme de Google, ce sont plusieurs dizaines de millions d'équations mathématiques qui vous donnent ce sentiment d'avoir des résultats très pertinents ». Ce chiffre paraît étonnamment élevé et il participe sûrement à la volonté de l'entreprise d'occulter la réalité sous une avalanche de paramètres techniques et d'épater la galerie. En parcourant le site Web de Google on est également un peu étonné d'apprendre que l'on peut améliorer le classement de son site[3] et qu'il existe toute une série de techniques que Google condamne pour gonfler artificiellement le classement PageRank de son site[4]. Pour résumer la situation, non seulement le PageRank juge la popularité à coup d'équations mathématiques dont on ne connaît pas le détail, mais des petits malins peuvent tricher et biaiser les calculs en contournant le système. Si c'est cela la démocratie, alors je m'en passe bien volontiers.

Dans ces conditions, on ne peut que regretter que la communauté scientifique ne se fasse pas plus entendre sur le sujet et ne montre pas une plus grande alacrité à expertiser la technologie du moteur de recherche. Les chercheurs en informatique s'intéressent finalement assez peu à Google et, par exemple, une recherche sur le terme PageRank dans la base de données ScienceDirect (qui contient plus de 8 millions d'articles de périodiques scientifiques) renvoie moins d'une trentaine de références. On ne sait pas très bien comment interpréter

1. En informatique, à la différence de l'aéronautique, une boîte noire est un modèle logique où les informations entrent et ressortent sans que l'on ait une idée du traitement qu'elles ont subi à l'intérieur.
2. Faut-il avoir peur de Google, documentaire de Sylvain Bergère et Stéphane Osmont, Arte, 2007
3. www.google.fr/support/webmasters/bin/answer.py?answer=34432&topic=8524
4. www.google.fr/support/webmasters/bin/answer.py?answer=35769

cette désaffection des chercheurs pour Google, mais il est tout simplement possible que les recherches soient vouées à l'échec tant on manque d'éléments pour analyser le phénomène scientifique. En France, Jean Véronis, universitaire spécialiste de linguistique informatique, s'est pourtant penché plusieurs fois sur le cas Google et a notamment relevé le dysfonctionnement de certains opérateurs booléens[1] et des calculs fantaisistes dans le nombre de pages répertoriées[2] : si l'on ne peut même plus se fier à la logique mathématique, où va-t-on ?

LE FANTASME DE LA TOTALITÉ

Le rêve de Brin et Page, c'est de mettre la totalité de l'information mondiale à la disposition des utilisateurs. De prime abord, on peut être séduit par cette belle utopie altruiste, même si un psychanalyste trouverait sans doute suspecte cette quête totalitaire qui fleure bon le complexe de castration. Au-delà de ce fantasme, il faut tout de même souligner le fait que Google ne représente pas la totalité du Web et qu'en plus il nous cache certaines choses.

Dans l'esprit de bon nombre d'utilisateurs, si on ne trouve pas une information sur Google, c'est qu'elle n'existe pas sur le Web. Bien évidemment, l'idée que Google aurait indexé tout le Web est totalement fausse. Premièrement, Google n'indexe pas ce que l'on nomme le Web invisible. Le Web invisible est constitué principalement de pages Web dynamiques qui sont créées à la volée, à la suite de la demande d'un internaute. Typiquement, il s'agit de pages créées à la suite de l'interrogation d'une base de données. À moins que vous n'ayez indiqué votre adresse postale sur une page Web, Google ne la connaît pas, mais il est cependant possible de la retrouver en interrogeant l'annuaire électronique si vous n'êtes pas inscrit en liste rouge. Voici un exemple de page Web que Google ne connaît pas, mais qui figure néanmoins sur le Web si on la recherche. Or de plus en plus d'informations sont répertoriées dans des bases de données et échappent ainsi au contrôle des moteurs de recherche. On peut notamment citer les grandes bases de données bibliographiques qui renferment des millions de références que Google est incapable d'indexer. Il en va de même pour tous les sites Web qui demandent une authentification, qu'ils soient gratuits ou payants.

1. http://aixtal.blogspot.com/2005/01/web-google-perd-la-boole.html
2. http://aixtal.blogspot.com/2005/02/web-le-mystre-des-pages-manquantes-de.html

N'oubliez pas non plus que Google n'indexe que les pages vers lesquelles pointe un lien. Si vous savez créer des pages Web, vous pouvez faire un test très simple : mettez en ligne une page Web vers laquelle ne pointe aucun lien. Même si votre site Web est référencé sur Google, vous verrez que cette page Web isolée ne sera jamais indexée par Google.

Si l'on ajoute à cela le fait que la plupart des utilisateurs de Google ne vont pas au-delà de la première page de résultats qui n'affiche par défaut qu'une dizaine de références, on se rend compte que l'on dispose en réalité d'une vision très partielle de la réalité du Web. Le fantasme de la totalité en prend un coup et c'est très bien comme cela.

Messieurs les censeurs !

Il est cependant encore quelque chose de bien plus grave que le fait que Google n'indexe pas la totalité du Web : il s'agit de la censure qu'exerce Google dans certains pays. Dans une page Web du site de Google[1] qui a aujourd'hui disparu et que l'on ne retrouve plus dans le cache du moteur de recherche (mais que l'on pourra facilement consulter sur le site du projet Internet Archive, à l'adresse www.archive.org, grâce à l'outil WaybackMachine), on obtenait la réponse suivante à la question « La société Google censure-t-elle les résultats de recherche ? » : « La politique de Google est de ne pas censurer les résultats de recherche. Cependant, en réponse aux lois, aux réglementations ou aux politiques locales, nous devons parfois le faire. Lorsque nous retirons des résultats de recherche pour ces raisons, nous affichons une note sur nos pages de résultat ». Nous sommes ravis d'apprendre que dans certains cas Google respecte la loi, mais vraiment navrés de constater que Larry et Sergey aient dû faire des concessions ; cela ne doit vraiment pas être facile de sacrifier un bel idéal et on doit avoir de véritables problèmes de conscience. Mais face à l'ampleur que représente le marché chinois et face à toutes les promesses de revenus qu'il peut faire miroiter, on comprend aisément que les scrupules s'envolent vite. En effet, pourquoi se priver de cette manne financière ? Est-ce que cela est vraiment important si les internautes chinois ne peuvent pas accéder aux pages Web relatant certains événements qui se sont déroulés sur la place Tienanmen ou bien ont du mal à trouver des informations sur le Tibet ? En juin 2006[2], Sergey Brin a bien dû reconnaître que la version chinoise du moteur de recherche était filtrée et même si les autres moteurs de recherche

1. http://www.google.fr/support/bin/answer.py?answer=17795&ctx=sibling
2. http://www.zdnet.fr/actualites/internet/0,39020774,39355738,00.htm

(notamment Microsoft et Yahoo!) ne font pas mieux en la matière, cet aveu de censure rend insupportables les beaux discours sur les idéaux de Google.

Notons cependant que la version française de Google est elle-même filtrée pour respecter l'article 9 de la loi Gayssot (Loi no 90-615 du 13 juillet 1990 tendant à réprimer tout acte raciste, antisémite ou xénophobe), si bien que certains résultats de recherche font apparaître la mention suivante :

« En réponse à une demande légale adressée à Google, nous avons retiré 1 résultat(s) de cette page. Si vous souhaitez en savoir plus sur cette demande, vous pouvez consulter le site ChillingEffects.org ».

Google Book Search

Après s'être occupé de mettre à notre disposition toute l'information du Web, Google s'est aperçu qu'il existait aussi des informations ailleurs que sur la Toile, et notamment dans les bibliothèques. Dans l'esprit fertile de Brin et Page, germa alors l'idée de numériser des millions d'ouvrages qui seraient prêtés par quelques grandes bibliothèques. En 2002 fut ainsi lancé le projet Google Print et les bibliothèques américaines des universités de Stanford, du Michigan et de Harvard furent approchées. Ces bibliothèques n'avaient bien évidemment pas attendu Google pour se lancer dans des projets de numérisation de leur fonds et l'accueil fut un peu sceptique devant les volumes annoncés. Google comptait en millions d'unités alors qu'une bibliothèque, quand elle a scanné quelques milliers de livres en une année peut s'estimer heureuse. Pour mémoire, rappelons que Gallica, bibliothèque numérique de la BNF, dont le chantier a commencé au début des années 1990, affiche au compteur, à la fin de l'année 2007, un total de 90 000 ouvrages numérisés… Google avait visiblement beaucoup travaillé pour produire une technique de numérisation rapide et non destructrice (souvent, pour scanner un ouvrage, on trouve plus simple de détruire sa reliure en le massicotant).

En décembre 2004, Google annonça sa volonté de numériser 15 millions de volumes extraits de cinq grandes bibliothèques (la bibliothèque publique de New York et la bibliothèque de l'Université d'Oxford viennent s'ajouter aux trois bibliothèques que nous avons déjà citées). Google Book Print, qui a depuis été rebaptisé Google Book Search, est décrit en ces termes sur le site Web de Google[1] :

1. http://books.google.fr/googlebooks/library.html

« Le but du Projet Bibliothèque est simple : nous souhaitons permettre aux lecteurs d'accéder aux livres qui les intéressent (notamment les ouvrages épuisés généralement introuvables), tout en respectant scrupuleusement les droits des auteurs et des éditeurs. Notre but est de travailler avec des éditeurs et des bibliothèques pour créer un catalogue virtuel complet de tous les livres et dans toutes les langues, dans lequel les internautes pourront effectuer des recherches. Par le biais de ce catalogue, nous souhaitons aider les internautes à découvrir de nouveaux livres et les éditeurs à trouver de nouveaux lecteurs ».

Mais qui pourrait donc être contre un pareil objectif qui semble pouvoir enfin réaliser le mythe de la bibliothèque universelle qui hante l'humanité depuis que l'écriture existe ? Grâce à Google, je vais pouvoir consulter depuis chez moi les trésors de la bibliothèque de Harvard qui sont situés à plusieurs milliers de kilomètres de mon domicile. Ce projet, qui fait pourtant rêver tout bibliothécaire normalement constitué, a néanmoins trouvé sur son chemin quelques grincheux qui ont émis des critiques dont certaines me paraissent fort justifiées.

En France, l'un des premiers à avoir tiré le signal d'alarme est Jean-Noël Jeanneney. Dans une tribune parue dans le Monde (édition datée du 23 janvier 2005) et intitulée « Quand Google défie l'Europe », le président de la BNF stigmatise l'impérialisme culturel américain :

« Voici que s'affirme le risque d'une domination écrasante de l'Amérique dans la définition de l'idée que les prochaines générations se feront du monde. Quelle que soit en effet la largeur du spectre annoncé par Google, l'exhaustivité est hors d'atteinte, à vue humaine. Toute entreprise de ce genre implique donc des choix drastiques, parmi l'immensité du possible. Les bibliothèques qui vont se lancer dans cette entreprise sont certes généreusement ouvertes à la civilisation et aux œuvres des autres pays. Il n'empêche : les critères du choix seront puissamment marqués (même si nous contribuons nous-mêmes, naturellement sans bouder, à ces richesses) par le regard qui est celui des Anglo-Saxons, avec ses couleurs spécifiques par rapport à la diversité des civilisations. »

Quelques mois plus tard, Jean-Noël Jeanneney publiera un petit essai[1] qui rassemble toutes ses critiques à l'égard du projet de Google et lancera un projet concurrent de bibliothèque numérique européenne[2]. Même si l'on n'est pas toujours d'accord avec chacune des objections

1. *Quand Google défie l'Europe* 2e édition, Mille et une nuits, 2006
2. http://www.europeana.eu

de Jean-Noël Jeanneney, force est de constater qu'il fut l'un des premiers à porter le débat sur la place publique.

Il n'est cependant pas certain que l'actuelle Ministre de la Culture ait parfaitement saisi tous les enjeux du problème car un communiqué de presse[1] daté du 2 octobre 2007 nous apprend que « la Ministre a manifesté son intention d'accélérer le calendrier de la constitution du « patrimoine numérique français » et a demandé à Google, leader mondial des technologies de moteurs de recherche, de formuler prochainement ses suggestions voire ses recommandations à l'attention du ministère de la Culture et de la Communication pour augmenter la visibilité du patrimoine culturel français sur l'Internet. » On ne sait pas très bien comment interpréter cette nouvelle forme de collaboration avec cet ennemi naturel : s'agit-il d'une tentative d'entrisme, d'un pragmatisme qui plébiscite la réussite économique ou bien encore d'une renonciation aux sains principes de l'exception culturelle à la française ? Nous laisserons le lecteur juger par lui-même...

Encore une fois, ce que l'on peut reprocher à Google, c'est d'avoir voulu résoudre uniquement les problèmes techniques sans réellement penser aux conséquences de cette initiative. Cette vision techniciste se révèle vite un peu courte quand on aspire à de si vastes projets. Autres griefs dont on peut accabler ce projet : le manque de transparence et une présentation fallacieuse de ses objectifs.

D'autre part, quand Google prétend respecter scrupuleusement les droits des auteurs et des éditeurs, il s'agit là d'un gros mensonge ou tout du moins d'une réécriture de l'histoire. En effet, lors de l'annonce du projet, les éditeurs de livres n'avaient pas été consultés et bon nombre d'éditeurs et d'auteurs ont été très étonnés d'apprendre que l'on allait numériser leurs ouvrages sans leur consentement. C'est un peu cela la méthode Google : on crée une très jolie machine qui numérise un millier de pages à l'heure, mais on ne se préoccupe pas du droit d'auteur. Aux États-Unis, cette approche n'a pas plu à tout le monde et la Guilde des Auteurs et l'Association des Éditeurs Américains a porté plainte contre Google pour non respect du droit d'auteur. Google s'est défendu en arguant que les ouvrages encore sous copyright seraient effectivement intégrés dans sa base de données, mais ne pourraient pas être visualisés en texte intégral, seuls quelques extraits pouvant être affichés. De plus, les éditeurs mécontents pouvaient demander à ce que leurs ouvrages soient retirés de l'index de Google. Décidément, la société de Mountain View est grand seigneur ! Voici quand même un

1. http://www.culture.gouv.fr/culture/actualites/index.htm

curieux renversement des pratiques : au lieu de demander la permission de mettre en ligne un livre, on vous accorde le droit de dire non a posteriori…[1]

Il n'est d'ailleurs pas certain que le fait de permettre l'affichage d'extraits d'un ouvrage soit conforme au droit d'auteur et la question devra être tranchée par les tribunaux (on pourra lire sur le sujet l'intéressante analyse d'Emmanuel Pierrat[2]). Une rapide visite sur le site de Google montre d'ailleurs que le système des extraits n'est pas très au point : il arrive parfois que l'extrait n'affiche pas le terme recherché et, bien souvent, la phrase qui contient le terme recherché n'est même pas complète.

Devant la levée de boucliers, Google s'est enfin décidé à négocier avec les éditeurs, mais s'est bien gardé de prendre langue avec les auteurs. Or, si l'éditeur sert d'intermédiaire pour ce qui concerne les droits patrimoniaux, en revanche, seuls les auteurs peuvent juger de l'atteinte au droit moral de leur œuvre et on doit déplorer qu'ils soient les grands absents de ce projet. Le dernier argument de Google est en fait assez significatif : ce projet est bon pour les auteurs car il va faire vendre des livres dans la mesure où l'affichage d'un extrait d'un livre est associé à un lien hypertexte vers un site de vente en ligne. Voici peut-être l'objectif final dévoilé : les livres sont aussi une donnée marchande et on peut raisonnablement penser que Google se transformera à très court terme en vendeurs de livres numériques. Et si au fond ce merveilleux rêve de bibliothèque universelle n'était qu'une banale histoire de gros sous ?

Quand on veut passer pour un philanthrope qui se pare de vertus humanistes, on n'agit pas comme cela. Sur ce projet, Google a joué perso et a bien évidemment agi dans le plus grand secret. Au départ du projet, les contrats liant les universités partenaires et Google étaient confidentiels mais, dans la mesure où il s'agit d'établissements publics, on a pu enfin les obtenir[3]. Leur lecture montre que si les bibliothèques universitaires tirent parti de cette numérisation, c'est quand même Google qui se taille la part du lion. Du strict point de vue scientifique,

1. Cette attitude est d'ailleurs assez systématique chez Google : vous êtes mis devant le fait accompli qui est en général justifié par des raisons techniques et c'est à vous de faire machine arrière. La mésaventure des utilisateurs de Google Reader illustre parfaitement ce principe : http://www.silicon.fr/fr/news/2007/12/28/google_faux_pas_reader_talk
2. *La guerre des copyrights*, Fayard, 2006
3. http://kcoyle.blogspot.com/2006/08/dotted-line.html

il n'est cependant pas certain que la qualité de la numérisation soit parfaite et des personnes commencent à s'en plaindre[1].

Mais critiquer ce projet énerve franchement son promoteur, Adam Smith (j'ignore s'il a un lien de parenté avec l'auteur de *Recherches sur la nature et les causes de la richesse des nations*) qui est cité dans un article[2] très éclairant du *Point* sur l'état d'esprit de Google :

« Faites-nous confiance. Nous savons ce que nous faisons. Si vous vous y opposez, c'est que vous n'avez rien compris ». « Les auteurs ne comprennent pas ce qui est bon pour eux ».

C'est un peu la marque de fabrique de Google : on est toujours persuadé d'être dans le vrai et on ne supporte pas vraiment la contradiction. Dans le même article du *Point*, un dirigeant de Google, Richard Chen assène également :

« Si nous considérons que ce que nous faisons est bénéfique pour le monde, c'est donc que ça l'est ». Personnellement, j'ai toujours une certaine réticence à l'égard des gens qui aiment dicter ce qui est bon pour moi. Le fantasme de la totalité se transformerait-il en monstre totalitaire ?

Il est enfin un dernier point qui a été peu souligné par les personnes critiquant le projet de numérisation de Google : l'idée sous-jacente que la recherche en texte intégral est le meilleur moyen d'exploiter le texte d'un livre. On peut formuler la question autrement : est-ce que les algorithmes de Google pour rechercher dans un livre permettent bien d'obtenir des résultats pertinents ? Encore une fois, on ne sait pas très bien comment tout cela marche, mais on peut imaginer que la principale méthode de recherche consiste à repérer dans le texte du livre (qui a été reconstitué par une opération de reconnaissance optique des caractères à la suite de la numérisation par le scanner) les mots que l'utilisateur aura saisis dans sa requête. C'est d'ailleurs bien ce que laisse penser la phrase d'accroche qui s'affiche sur la page d'accueil de Google Recherche de livres (nom français de Google Book Search) : « Lancez des recherches sur l'intégralité du texte des livres et découvrez de nouveaux ouvrages ».

Cette mise en avant de la recherche en texte intégral risque d'accréditer la thèse auprès du grand public (et de certains informaticiens) que seule l'indexation automatique permet d'effectuer une recherche documentaire. En d'autres termes, un algorithme serait bien

1. http://firstmonday.org/issues/issue12_8/duguid/index.html
2. http://www.lepoint.fr/content/economie/article?id=23431

plus performant qu'une indexation humaine. Cette idée est extrêmement pernicieuse car elle laisse penser que certaines opérations intellectuelles sont totalement automatisables. Or, jusqu'à preuve du contraire, on a rarement fait mieux pour indexer un livre qu'un être humain ; pour réaliser cette opération, certains gouvernements vont même jusqu'à rétribuer des personnes qu'en termes techniques on désigne sous le nom de bibliothécaire...

Il faut enfin noter que lorsqu'il est possible de télécharger le fichier PDF d'un ouvrage complet, on obtient un PDF en mode image et non pas en mode texte ; on en conclura que Google garde pour lui le résultat de la reconnaissance optique de caractères. Un chercheur qui voudrait ainsi travailler sur le texte d'un ouvrage ancien serait donc obligé de ressaisir le texte du livre ou bien de procéder lui-même à la reconnaissance optique des caractères à partir du fichier PDF. Google veut bien être charitable, mais il ne partage pas toutes ses richesses. Cela n'empêche pas aujourd'hui une trentaine de bibliothèques (dont plusieurs bibliothèques européennes) d'être partenaires de Google.

L'irrespect du droit d'auteur

Comme on vient de le voir, Google ne s'embarrasse pas vraiment des contraintes juridiques du droit d'auteur dans son projet de bibliothèque virtuelle. Cette attitude est en fait un trait de caractère général qui se retrouve à tous les niveaux, quel que soit le support informationnel en cause. C'est un peu comme si l'objectif d'organiser toute la connaissance du monde permettait de s'affranchir des règles du droit d'auteur, en vertu du principe que la fin justifie les moyens.

Google part du principe qu'il n'est qu'un intermédiaire technique entre l'internaute et la connaissance qu'il se charge de classer et d'indexer. Google considère donc qu'il n'a pas à rémunérer les producteurs d'information sur le dos desquels il engrange tous ses bénéfices. Cette attitude lui a bien entendu valu de nombreux procès. Le service qui cristallise le plus de griefs est Google News, service qui a été imaginé par un ingénieur de Google sur ses fameux 20 % de temps de travail pendant lesquels les salariés de Google planchent sur les projets qui les intéressent. Google News est un moteur de recherche dédié aux informations fournies par les agences de presse et les journaux en ligne et il permet de se forger en quelques minutes une revue de presse sur le sujet qui nous intéresse. Le seul problème est que Google News ne se contente pas d'indexer, mais qu'il stocke aussi des copies des informations qu'il n'a pas produites et dont il n'est pas propriétaire. En effet, grâce à sa fonction de cache des pages Web, c'est-à-dire de mise en mémoire de toutes les informations qu'il récolte, Google pose de nombreux problèmes aux éditeurs de contenus[1]. Plusieurs sites Web de grands journaux mettent en ligne gratuitement des informations pendant un certain laps de temps (le délai varie généralement d'un jour à une semaine), puis au-delà, donnent accès à ces mêmes informations moyennant finance, par le biais de leurs archives (c'est notamment le cas du quotidien *Le Monde* ou du *New York Times*). Le système de cache de Google permettait souvent de contourner le système de paiement des droits et il a dû être modifié à la suite des plaintes des ayants droit. À présent, quand Google indexe une page du *Monde* qui est devenue payante, il renvoie vers la page du site qui permet d'accéder aux archives. Quant au *New York Times*, il est devenu depuis peu totalement gratuit en espérant que la publicité en ligne comble le manque à gagner…

En tous les cas, en Belgique, en février 2007, différentes sociétés de droit d'auteur représentant des éditeurs de presse et des journalistes ont réussi à faire condamner Google[2] parce que « les activités de Google News (soit la reproduction et la communication au public de titres d'articles ainsi que de courts extraits d'articles) et l'utilisation du « cache » de Google (soit l'enregistrement accessible au public dans sa mémoire dite « cache » d'articles et documents) violent la loi relative au droit d'auteur. »[3]

Ce que Google fait pour les dépêches de presse, il le fait également pour la vidéo. Face au succès des services de partage en ligne de vidéos, Google s'est offert en octobre 2006 You Tube qui détient près de la moitié des parts de marché des plates-formes de partage de vidéos. Drainant plus de deux millions de visiteurs chaque mois, You Tube est un véritable phénomène sur le Web et son audience ne pouvait pas laisser Google indifférent. Malheureusement, une bonne partie des vidéos hébergées sur You Tube violent allégrement les droits d'auteur et Viacom, grosse société de production audiovisuelle américaine, a décidé au début de l'année 2007 de porter plainte contre Google[4], en estimant que près de 100 000 clips présents sur You Tube étaient sa propriété.

Le propre service de partage de vidéos de Google, Google Video, n'est pas non plus exempt de tout reproche et le National Legal and Policy Center, groupe américain de défense des droits d'auteur, a pu ainsi constater au cours d'une enquête menée en septembre 2007 que

1. http://www.journaldunet.com/0307/030717googlearchive.shtml
2. http://www.juriscom.net/actu/visu.php?ID=905
3. http://www.juriscom.net/documents/tpibruxelles20070213.pdf
4. http://www.01net.com/editorial/343805/media/viacom-defie-youtube-et-google

près de 300 films (dont certains très récents comme *Shrek Le Troisième* ou bien *Oceans Thirteen*) avaient été visualisés plus de 22 millions de fois sur Google Video[1].

Décidément, la course à l'audience qui est génératrice de gros bénéfices ne s'encombre pas de scrupules ; drôle de modèle économique que celui de Google où le médiateur gagne de l'argent, mais pas le producteur.

LE MODÈLE ÉCONOMIQUE DE GOOGLE

Google est une société qui gagne de l'argent. Dans la mesure où l'utilisation du moteur de recherche est gratuite, on peut se demander d'où Google tire ses profits. La réponse est simple : chaque fois qu'un internaute clique sur un lien commercial, Google touche de l'argent. Même si cette somme ne représente en général que quelques centimes, comme il y a beaucoup d'utilisateurs de Google, à la fin de la journée, cela représente beaucoup de clics, donc beaucoup d'argent. Les liens commerciaux sont clairement identifiés car ils figurent sur la droite de l'écran et sont séparés des résultats de recherche par un mince filet de couleur bleue. Google qui pense qu'il est « possible de gagner de l'argent sans vendre son âme au diable », a toujours insisté sur la nette séparation entre les résultats de la recherche et les liens commerciaux. Le problème est que l'on commence, lors de certaines recherches, à voir apparaître des liens commerciaux au sommet de la liste des résultats de la recherche. Ces publicités sont certes bien identifiées comme liens commerciaux et s'affichent sur un fond de couleur jaune, mais il s'agit quand même d'une entorse aux premiers principes. C'est d'ailleurs un des griefs qu'a formulés l'Australian Competition and Consumer Commission en juillet 2007, en arguant que la distinction n'était pas claire et que le fait que les publicités s'affichent au sommet de la liste des résultats pouvait faire penser que ces liens étaient les plus pertinents. En effet, Google a toujours clamé haut et fort que le positionnement dans la liste des résultats de recherche n'était pas négociable et qu'il était donc impossible de l'acheter. J'accorde bien volontiers le bénéfice du doute à l'accusé, mais il est curieux de constater que lors de certaines recherches la première page des résultats n'affiche que des sites commerciaux. C'est peut-être un hasard, mais ce constat mériterait d'être infirmé ou confirmé par une étude statistique indépendante. Il est quand même étonnant que dès que l'on fait une

1. http://www.nlpc.org/view.asp?action=viewArticle&aid=2225

recherche sur un bien matériel susceptible d'être vendu, on trouve au sommet de la liste des sites commerciaux plutôt que des sites de consommateurs donnant leur avis sur ce produit. À cet égard, le fonctionnement du moteur de recherche est parfois assez étrange : si vous saisissez comme formule de recherche « avis commentaire sur produit X », vous aurez la surprise de voir s'afficher dans la liste de résultats des pages qui parlent bien du produit X en question, mais où ne figurent pas toujours les termes « avis » et « commentaire ». L'explication est donnée quand on affiche la page en cache où une mention nous indique que « ces termes apparaissent uniquement dans les liens pointant sur cette page ». Ainsi, Google modifie sans nous demander notre avis l'équation de recherche et biaise de ce fait l'affichage des résultats.

Mais le plus grave dans tout cela est qu'une majorité d'internautes ne sont pas conscients de la différence entre les liens commerciaux et les résultats de la recherche. En effet, une étude américaine[1] (Pew Internet & American Life Project) publiée en 2005 montre que 62 % d'Américains ne font pas cette distinction. À ma connaissance, de telles études n'ont pas été menées en France, mais il n'est pas vraiment certain que nos compatriotes soient plus éclairés.

Google est très fier de son modèle de régie publicitaire, baptisé Adwords, car c'est aussi un champion de la démocratie. Ce système est basé sur le principe des enchères : les annonceurs achètent des mots clés et proposent une certaine somme pour ces mots clés. Le lien commercial qui sera affiché en haut de la liste sera celui qui a fait l'enchère la plus élevée. Ce mécanisme est cependant pondéré par la popularité, Google privilégiant les enchères sur lesquelles les internautes cliquent le plus souvent. Google prétend qu'avec son système les PME peuvent ainsi rivaliser avec les multinationales. Google a certes eu une idée marketing de génie en proposant aux annonceurs des publicités extrêmement ciblées et, d'un strict point de vue commercial, cela paraît plutôt sensé de proposer à un internaute d'acheter des raquettes de tennis quand il a saisi ce terme dans le moteur de recherche. Mais ce bel agencement qui assure plus de 95 % du chiffre d'affaires de Google comporte quelques faiblesses qui le rendent éminemment suspect. Je ne souhaite pas ici parler du fait que certains partis politiques français achètent des mots clés bizarres (comme le terme « émeute ») ou bien que les mots clés les plus chers aient parfois un drôle d'arrière-goût (dans *Google Story*, David Vise raconte qu'un des termes les plus chers, « mésothéliome », qui est une forme de cancer dû à l'amiante, est

1. http://www.pewinternet.org/pdfs/PIP_Searchengine_users.pdf

acheté par des cabinets d'avocats qui chassent le client en espérant de juteux bénéfices...) ; je veux évoquer deux phénomènes moins bien connus du grand public qui sont les clics frauduleux et les nombreux contentieux engendrés par le système Adwords.

Les clics frauduleux

Comme vous l'avez compris, chaque fois qu'un internaute clique sur un lien commercial, ce sont quelques centimes ou quelques euros qui tombent dans l'escarcelle de Google. Imaginons à présent un scénario simple : je suis un vendeur de nettoyeurs à haute pression et je m'aperçois qu'une publicité pour mon principal concurrent s'affiche dans la liste des liens commerciaux quand je saisis le terme « Karcher » dans Google. Chaque fois que je clique sur le lien publicitaire de mon concurrent, Google s'enrichit et la facture publicitaire de mon concurrent s'accroît. Bien évidemment, cela ne rapporte rien à mon concurrent dans la mesure où je ne souhaite pas lui acheter quoi que ce soit. Comme je trouve cette pratique très amusante, je clique plusieurs fois par jour sur ce lien commercial. Au bout du mois, mon concurrent a dépensé plusieurs centaines d'euros en frais publicitaires qui bien entendu ne lui ont rapporté aucun client. Comme je trouve cette pratique concurrentielle très avantageuse, je décide d'embaucher un travailleur clandestin dont le rôle sera de cliquer toute la journée sur la publicité de mon concurrent. Considérant que le système peut être optimisé, je me sépare de mon employé cliqueur et je commande à un informaticien un programme qui effectuera automatiquement des clics sur la publicité de mon concurrent, charge à ce logiciel de simuler des clics aléatoires et de ne pas se faire repérer. Vous pensez qu'il s'agit là d'un scénario de science fiction ? Pas du tout ! Le phénomène est bien réel (y compris la création de programmes automatisant la fraude aux clics) et Google le prend très au sérieux, même s'il tend à minimiser les chiffres. Il est d'ailleurs extrêmement difficile de mesurer l'étendue de la fraude, la fourchette allant de 10 % à 30 % selon les études. Même si l'on prend la fourchette minimale, cela signifie que le phénomène est loin d'être marginal et que le modèle économique repose par conséquent sur une technologie frauduleuse. Certaines sociétés qui s'estimaient victimes de ce type de fraude n'ont d'ailleurs pas hésité à porter plainte contre Google. En 2006, des juges de l'Arkansas ont ainsi condamné Google à verser 90 millions de dollars à la société Lane's Gifts (décomposés en 60 millions d'avoir sur les publicités Adwords et 30 millions de frais de justice et de dédommagement). Google teste actuellement auprès de certains de ses clients un système où l'annonceur est facturé à l'action (vente ou établissement d'un contact commercial réel) plutôt qu'au clic.

La concurrence déloyale de Adwords

Tout un chacun peut acheter des mots clés sur le système Adwords et si ce sont principalement les sociétés commerciales qui sont les clients naturels de Google, on a pu voir que les partis politiques ou bien certaines organisations n'hésitaient pas à se payer quelques mots clés pour faire leur publicité. Google n'est pas très regardant quand on achète des mots clés et les contrôles ne sont pas très stricts car il ne faut sans doute pas ennuyer les annonceurs qui, comme on l'a vu, sont quasiment la seule source de revenus de Google. Ce laxisme est bien évidemment tentant pour les escrocs et ceux qui souhaitent faire du profit de manière frauduleuse. On comprend donc aisément que la société Vuitton n'ait pas particulièrement apprécié de constater que lorsque l'on saisissait le nom de sa marque dans Google, s'affichait un lien publicitaire qui menait tout droit à un site Web qui commercialisait de faux bagages portant la griffe du célèbre malletier.

Dans un jugement en date du 4 février 2005[1], le TGI de Paris a reconnu Google coupable de contrefaçon et de concurrence déloyale « en proposant sur les sites placés sous leur contrôle et notamment les sites google.com et google.fr un service publicitaire permettant d'associer des mots tels que « imitation, réplicat, fake, copies, knock-offs » avec les termes « Louis Vuitton, Vuitton, LV » afin de placer les messages publicitaires des annonces à la même hauteur que le site officiel vuitton.com en tête de résultat du moteur de recherches ». Condamné à plus de 200 000 euros de réparation, Google a fait appel de ce jugement et en juin 2006 la Cour d'Appel de Paris confirmait le jugement de première instance et portait les frais de réparation à 300 000 euros.

Ce phénomène est malheureusement loin d'être marginal et Google a été condamné sur le même principe une dizaine de fois en France, ainsi bien évidemment que dans d'autres pays.

GOOGLE ET LES DONNÉES PERSONNELLES

La problématique des données personnelles n'intéresse pas grand monde et la plupart des internautes oscillent entre une profonde ignorance

1. http://www.juriscom.net/jpt/visu.php?ID=641

(faites un test autour de vous et demandez quel est le rôle de la CNIL) et une totale résignation arguant du fait que nous sommes déjà tous fichés des centaines de fois et qu'un peu plus ou un peu moins, cela n'y changera rien. Nous reviendrons sur cette question dans la mesure où un chapitre de cet ouvrage est consacré à ce problème, mais nous allons voir que sur ce plan-là Google frappe assez fort et mérite que l'on s'y attarde.

La question de fond peut sans doute être posée différemment : pourquoi ne prenons-nous jamais le temps de lire les contrats des services que nous utilisons, même quand ils sont gratuits ? Sommes-nous à ce point naïfs pour penser qu'il n'y a que des gentils sur Internet et que la culture du gratuit a gagné les entrepreneurs de la cyberéconomie qui sont ainsi devenus de joyeux philanthropes ? Ma grand-mère avait l'habitude de dire que le bon marché est toujours trop cher, mais on peut désormais dire que sur Internet le gratuit atteint parfois un prix exorbitant pour la vie privée. Si Google a pour but de vous délivrer toute l'information du monde, il aime bien également tout savoir sur vous. Cela a bien évidemment commencé avec les requêtes que vous émettez dans son moteur de recherche. Qu'une entreprise conserve ces données pendant un certain temps peut se concevoir, mais dans le cas de Google, toutes les données de connexion (adresse IP de l'ordinateur, type et langue du navigateur, date et heure de connexion, etc.) étaient conservées sans limitation de durée et le cookie de Google était paramétré pour être valable jusqu'en 2038 ! Rappelons ici qu'un cookie est un petit fichier qu'un site Web dépose sur votre disque dur ; cela permet au site Web de conserver vos préférences mais, bien évidemment, cela sert aussi à vous espionner... En vertu du principe « Dis-moi ce que tu cherches, je te dirai ce que je peux te vendre », on comprend que Google ait souhaité conserver ce trésor de guerre le plus longtemps possible. Mais la position officielle est tout autre : le commerce est parfaitement secondaire et si l'on enregistre toutes ces informations, c'est pour votre bien puisque cela permet d'améliorer le fonctionnement du moteur de recherche :

« Lorsque vous cliquez sur un lien qui apparaît sur Google, cette information peut être transmise à Google. Ainsi, Google peut enregistrer des informations concernant votre utilisation du site et de nos services. Ces informations sont utilisées pour améliorer la qualité de nos services et à des fins commerciales. Google peut, par exemple, utiliser ces informations pour déterminer dans quelle proportion les utilisateurs sont satisfaits des premiers résultats proposés ou au contraire consultent les résultats suivants. »[1]

1. http://www.google.com/intl/fr/privacy_faq.html

Dans un documentaire passé en mars 2007 sur la chaîne Planète[1], Marissa Mayer, Vice-présidente de Google confirme l'innocence de Google en la matière :

« Notre politique de confidentialité est claire. Nous ne retenons pas les informations concernant votre recherche dans le but de mieux connaître votre profil. Nous retenons ces informations pour améliorer la qualité de nos services ». Elle cite alors l'exemple du correcteur orthographique qui a nécessité l'enregistrement de toutes les requêtes des internautes sur une longue période. Son interviewer, un peu perplexe, insiste et lui demande comment elle peut dissiper la crainte que cette entreprise ne soit un autre Big Brother. Marissa Mayer rétorque tout de go :

« Je ne suis simplement pas d'accord. Je ne l'envisage pas de la sorte ». Un peu après, elle poursuit son beau discours :

« Je nous vois comme des informaticiens ; nous pouvons analyser un problème et le résoudre, mais nous ne sommes pas des fonctionnaires de l'état. Nous ne prenons pas de mesures politiques à l'échelle mondiale. Nous ne faisons que répondre aux besoins de nos utilisateurs ». Son interlocuteur, sans doute étonné d'une telle candeur, revient à la charge et lui fait remarquer que cela semble presque naïf compte tenu de l'échelle sur laquelle travaille Google. Marissa Mayer, avec son charmant sourire, répond :

« Peut-être, mais c'est mon point de vue ».

Pour s'acheter une conduite, Google a annoncé en juillet 2007 toute une série de mesures censées améliorer le respect de la vie privée : les données de connexion seront anonymisées au bout de 18 mois et les cookies expireront au bout de 24 mois. En fait, les mauvaises langues pensent que Google a voulu anticiper les exigences de la Commission européenne. En effet, un groupe d'experts conseillant la Commission européenne a entamé une enquête sur les pratiques de Google en matière de conservation des données personnelles afin de savoir notamment si Google respectait bien la législation européenne. Google a ainsi voulu donner un gage de sa bonne volonté en réduisant le délai de conservation des données personnelles, ce que, de toutes les façons, la Commission européenne lui aurait demandé de faire.

Mais l'appétit de Google à engranger des données ne s'arrête pas là et les utilisateurs de son service de messagerie, Gmail, ont également du souci à se faire. C'est vrai que sur le papier c'est pratique Gmail :

1. Le monde selon Google, documentaire de Ijsbrand van Veelen, Vpro, 2006

une capacité de stockage conséquente, une recherche rapide dans ses courriers électroniques (qui n'a jamais perdu du temps à rechercher une information que l'on sait perdue au milieu de centaines de courriels ?) et une disponibilité permanente, où que l'on se trouve. En plus, au départ, on ne pouvait bénéficier de ce service que sur invitation et on avait donc le sentiment d'appartenir à une élite. On peut quand même légitimement se demander si tous les utilisateurs de Gmail ont bien lu toutes les clauses du contrat et notamment celle-ci :

« Les ordinateurs de Google traitent les informations contenues dans vos messages électroniques à des fins diverses, et notamment afin d'assurer l'affichage et la mise en page des informations, d'afficher des annonces publicitaires et des liens contextuels ciblés, de prévenir les courriers électroniques indésirables (spams), d'assurer la sauvegarde de vos courriers électroniques, ainsi que pour d'autres motifs nécessaires à la fourniture du service Gmail.[1] »

Vous avez bien lu : cela signifie donc que Google procède à une analyse sémantique de vos courriels et vous envoie en retour de la publicité. Imaginez-vous un système où le facteur ouvre votre courrier avant de le déposer dans votre boîte aux lettres et glisse ensuite quelques publicités ciblées en fonction du contenu des lettres que vous avez reçues ? La gratuité ne peut pas tout justifier et il me paraît extrêmement dangereux d'abandonner certains principes au nom du caractère pratique de l'outil.

Poursuivant sa logique de recherche du bonheur de l'utilisateur, Google propose aussi un étonnant service (qui existait d'ailleurs déjà en standard dans Windows 2000 et qui se nomme service d'indexation) : Google Desktop. Ce service est merveilleux pour l'utilisateur et son principe est simple : ce que Google a fait pour le Web, il peut le faire pour votre disque dur ! Google va donc indexer tout le contenu de votre disque dur, ce qui va vous permettre de retrouver n'importe quelle information à la vitesse de la lumière. Encore une fois, il existe plusieurs autres logiciels qui font exactement la même chose et depuis plusieurs années. Mais Google va encore plus loin en proposant des fonctionnalités avancées, notamment la possibilité d'effectuer des recherches sur le contenu de son disque dur à partir d'un autre ordinateur. Quand je suis à mon bureau, je peux donc ainsi faire une recherche sur l'ordinateur qui est à mon domicile. N'est-ce pas génial ? Voici comment Google décrit la chose :

1. http://mail.google.com/mail/help/intl/fr/privacy.html

« Si vous activez la fonctionnalité Recherche sur différents ordinateurs, Google transmettra de manière sécurisée des copies des fichiers indexés aux serveurs Google Desktop, dans le but de rendre cette fonctionnalité disponible. Google traite le contenu des fichiers indexés au même titre que les informations personnelles, selon les stipulations des Règles de confidentialité de Google.[1] »

Si vous avez bien suivi, une copie de vos fichiers se retrouve donc sur les serveurs de Google…

Est-ce que c'est moi qui suis parano ou bien est-ce qu'il y a vraiment lieu de s'inquiéter ? Enfonçons le clou en citant l'article du *Point* que nous avons déjà mentionné :

« Le Patriot Act, voté dans la foulée du 11 septembre 2001, peut ainsi contraindre Google à transmettre les données des utilisateurs au gouvernement. Dans ce cas, la compagnie serait tenue de garder le silence sur cette perquisition informatique. Interrogé à ce sujet par John Battelle, Sergey Brin répond : « Je n'ai pas lu le Patriot Act, mais je pense que ces inquiétudes sont exagérées. Le gouvernement devrait au moins nous communiquer la nature de sa requête. Je ne pense pas que ce soit un problème sérieux et, si ça le devenait, nous changerions notre politique. » »

Monsieur Brin ferait peut-être bien de s'intéresser un peu plus à la politique et un peu moins à ses algorithmes. Cette attitude est d'ailleurs assez étonnante de la part de quelqu'un dont les parents ont dû fuir leur pays natal à cause de l'antisémitisme. On aurait pu imaginer de sa part une conscience politique un peu plus aiguisée.

Lors de la remise au Sénat du rapport annuel de la CNIL, son président, Alex Türk, a d'ailleurs attiré l'attention des sénateurs sur un phénomène qu'il juge inquiétant :

« En réponse à M. Pierre-Yves Collombat qui se demandait si la protection des données n'était pas, paradoxalement, assurée par leur profusion et leur éparpillement, M. Alex Türk s'est dit inquiet, au contraire, de ce que certains instruments informatiques, tels que le moteur de recherche Google, soient capables d'agréger des données éparses pour établir un profil détaillé de millions de personnes (parcours professionnel et personnel, habitudes de consultation d'internet, participation à des forums…). »[2]

---

1. http://desktop.google.fr/privacypolicy.html
2. www.senat.fr/bulletin/20071001/lois.html#toc5

LES ALTERNATIVES À GOOGLE

J'entends déjà les belles âmes dire : « C'est bien beau de critiquer, mais que proposez-vous à la place ? ». Il faut bien le reconnaître : Google est rapide et demeure pour l'instant moins mauvais que ses concurrents. Indépendamment du côté technique, il ne faut pas croire non plus que Yahoo! ou bien Live Search, le moteur de recherche de Microsoft, aient un comportement bien plus éthique. Ces deux moteurs gagnent de l'argent aussi à l'aide d'une régie publicitaire et affichent des liens sponsorisés, avec tous les problèmes que cela pose. Yahoo! a même été accusé d'avoir collaboré avec le gouvernement chinois et d'avoir ainsi contribué à l'emprisonnement de dissidents chinois. Mais au nom de la lutte contre les monopoles, nous devrions au moins nous astreindre à ne pas toujours utiliser Google et à ne pas en faire notre page d'accueil, ainsi qu'à proscrire la barre d'outils Google. Cela relève pour moi de l'hygiène mentale.

De la même manière que les pouvoirs publics ont lancé un projet de bibliothèque européenne, l'Europe devrait lancer un moteur de recherche. Le projet Quaero existe déjà bel et bien, mais il n'est pas certain qu'il arrive à terme et satisfasse vraiment les utilisateurs. Le moteur de recherche Exalead[1] qui est issu de ce projet est certes opérationnel et comporte des fonctionnalités prometteuses, mais il affiche aussi des liens sponsorisés. L'Europe a pourtant les moyens de créer un moteur de recherche indépendant et sans liens publicitaires. Ce moteur de recherche devrait être libre, au sens du logiciel libre, c'est-à-dire que l'on connaîtrait exactement ce qu'il fait grâce à la disponibilité du code source de son programme. En clair, aucune opacité, mais de la transparence.

La critique de Google doit aussi réhabiliter les autres formes plus traditionnelles du savoir et battre en brèche l'illusion que toute la connaissance se trouve sur Internet. Il existe aussi dans notre beau pays de grands réservoirs d'informations qui sont presque gratuits et que l'on appelle bibliothèques. La plupart des catalogues de bibliothèques sont accessibles en ligne et on peut donc effectuer des recherches depuis chez soi. Dans ces catalogues, il n'y a pas de liens publicitaires et l'indexation des documents n'a pas été faite par un algorithme, mais par des bibliothécaires. Et en attendant que Google Book Search ait terminé son grand œuvre, de nombreux ouvrages ne sont encore disponibles que dans les bibliothèques physiques et non pas virtuelles. Fré-

1. www.exalead.fr/search

quenter ce genre d'endroit n'est pas infamant et on y trouve même des ordinateurs pour consulter des bases de données électroniques. Certaines de ces bases de données renferment des connaissances très pointues que l'on ne trouve pas sur Internet gratuitement ; l'abonnement à ces bases de données est très coûteux si bien que seules les institutions comme les universités ou les centres de recherche peuvent s'offrir ce genre de services. Cela signifie que l'information a un coût et il faut peut-être arrêter cette fuite en avant de la culture du tout gratuit. Une information de qualité est chère à produire et il faut donc bien que son producteur soit rémunéré.

La quête absolue de la gratuité sur le Net a beaucoup d'effets pervers et notamment le fait d'abaisser les exigences de qualité. Dans bien des cas, il est préférable de payer une information plutôt que de disposer d'une information gratuite au rabais.

Des millions de Français ont visiblement adopté la presse quotidienne gratuite, mais ce n'est peut-être pas ce qu'ils ont fait de mieux. Les critiques que l'on peut formuler à l'égard de la presse gratuite valent également pour la recherche d'information sur Internet.

Les annuaires de recherche sont aussi une voie d'accès à l'information qu'il ne faut peut-être pas non plus totalement enterrer. Google a tué la plupart des annuaires de recherche qui ont pourtant été les premiers outils disponibles sur Internet (n'oublions pas qu'au début Yahoo! n'était qu'un service d'annuaire).

La recherche dans un annuaire est beaucoup moins immédiate, mais elle procède d'une autre logique intellectuelle et a quelques avantages, notamment l'absence de ce que les spécialistes nomment le bruit, c'est-à-dire des informations qui n'ont aucun rapport avec ce que l'on cherche. Si vous recherchez des informations sur Victor Hugo, un mauvais moteur de recherche pourra vous mener sur la page d'un site Web d'une société qui est sise rue Victor Hugo. Avec un annuaire, ce genre de bévue est impossible. Même s'il faut bien reconnaître que ce type d'accès est en complète perte de vitesse, il ne faut pas les négliger totalement. Ainsi, le projet Dmoz[1] mérite d'être signalé : il s'agit d'un projet mondial de catalogage du Web, dans un esprit libre et collaboratif.

1. http://www.aef-dmoz.org/

ENTRER EN RÉSISTANCE

Ma croisade contre Google ne s'apparente pas à une lutte contre l'impérialisme culturel américain, mais plutôt à un combat contre l'idéologie scientifique et technique. Avec Google, on a vraiment l'impression d'une société pilotée par des ingénieurs qui ne voient pas plus loin que le bout de leur nez et dont la vision éthique est proche du degré zéro.

Fait encore plus insupportable, Google se moque du monde avec sa philosophie de pacotille : en effet, il ne faut pas manquer d'audace pour avoir comme devise « Don't be evil » (ne soyez pas méchant) et se conduire comme Google le fait. Une grande interrogation demeure : s'agit-il de cynisme ou bien d'une incapacité à réfléchir aux conséquences sociales et politiques de la technologie ? En tous les cas, cette farce de l'angélisme est une insulte à notre intelligence : par pitié, continuez à servir nos requêtes rapidement, mais ne nous prenez pas en plus pour des gogos sans conscience !

L'utilisation de Google nous fait souvent perdre notre esprit critique et nous devons à tout prix lutter contre notre penchant naturel qui nous pousse à agir rapidement sans nous poser de questions. Il nous faut bannir la fonction « J'ai de la chance » de la page d'accueil de Google car la chance n'existe pas en matière de recherche d'information. De la même manière, nous ne devons pas nous contenter de la première page de résultats, à l'image des mauvais élèves qui ne regardent que le premier sens d'un terme dans un dictionnaire. Réapprenons aussi le plaisir de fouiner dans les rayons d'une bibliothèque ou d'une librairie car toute la connaissance du monde n'est pas soluble dans Google.

Nous devons réfléchir au statut de l'information et nous interroger sur la manière dont Google la traite. Si, à la lecture de ce chapitre, vous regardez Google d'un autre œil quand vous effectuez une recherche, j'aurai alors gagné mon pari.

Le monopole de Google doit aussi nous inquiéter car si le monopole de Microsoft en matière de système d'exploitation est dangereux, il en va de même pour la recherche d'information. Google, dans sa volonté d'englober toute l'information de manière totalitaire, a un côté extrêmement effrayant. Le pire, en la matière, est sans doute le dernier paragraphe de *Google Story* que je vous laisse méditer :

« Pourquoi ne pas se lancer dans l'amélioration du cerveau ? demandait Brin. Il faudrait beaucoup de puissance informatique. Peut-être qu'à l'avenir, nous pourrons fournir une version allégée de Google qu'il suffira de connecter à son cerveau. Il faudrait qu'on mette au point des versions élégantes et on aurait alors toutes les connaissances du monde immédiatement disponibles, ce qui serait vraiment passionnant. ».

Si nous ne réagissons pas, nous allons tous nous retrouver engooglés[1].

1. http://cfeditions.com/scroogled/

2

La logique du peer

DÉNI DE JUSTESSE

Je trouve personnellement extrêmement désagréable, quand j'insère dans mon lecteur un DVD vidéo que je viens d'acquérir, que l'on m'inflige un cours de droit pénal. Ce discours pédagogique prend souvent la forme d'une reproduction de certains articles du code de la propriété intellectuelle ou bien, sans doute pour cibler un public jeune, d'un petit clip tonitruant qui assimile le téléchargement de vidéo à un délit. À la décharge des éditeurs de DVD, les éditeurs de livres ne font guère mieux en rappelant (parfois sur toutes les pages) que le photocopillage tue le livre et que la photocopie non autorisée est un délit. Il est quand même bien dommage que les leçons de morale ne soient principalement infligées qu'à ceux qui respectent la loi…

Pourtant les faits sont avérés : télécharger de la musique ou des films sur Internet sans autorisation est bien un délit et cette réalité juridique n'arrive pas à pénétrer l'esprit de millions de Français. Face à cette forme d'autisme, on comprend bien que les éditeurs souhaitent se défendre et tentent de faire passer un message, mais on préférerait qu'ils l'adressent sous une autre forme et à destination des pirates plutôt qu'en direction de leurs clients. D'autant plus que ces messages n'ont visiblement aucune efficacité car le téléchargement augmente alors que les ventes de CD s'effondrent. Le problème est bien évidemment complexe, mais le véritable enjeu n'est-il pas que l'utilisateur lambda a véritablement beaucoup de mal à assimiler à un acte délictuel le téléchargement d'œuvres protégées par le droit d'auteur ? Pourtant, une majorité de personnes reconnaissent bien volontiers que le vol de lames de rasoir dans un grand magasin est condamnable. Mais sous le prétexte qu'il s'agit d'un produit culturel ou que l'on se sent bien protégé derrière son ordinateur, on n'est pas prêt à assumer ses responsabilités et à avouer que l'on contrevient à la loi pénale. C'est pourtant bien ce que font des millions de Français chaque jour quand ils utilisent un logiciel de P2P pour échanger de la musique qui ne leur appartient pas. Partager sa nourriture, son logis, sa voiture, son savoir est une très noble activité, mais la notion de partage implique que l'on possède ce que l'on redistribue. Partager ce qui ne vous appartient pas dénote certes un grand sentiment altruiste dont tous les voleurs ne font d'ailleurs pas preuve, mais cela ne vous transforme pas pour autant en philanthrope. Ces propos empreints d'un bon sens confondant frisant la naïveté sont pourtant au centre du problème : les adeptes du téléchargement illégal sont des délinquants, même si certains ont du mal à accepter cette triste réalité. Ce problème juridique, en apparence si simple, est pourtant complexifié à outrance par l'ambiguïté du discours des fournisseurs d'accès à Internet (les FAI), par le clientélisme de certains hommes politiques et par la mauvaise foi ou l'inconséquence des internautes dont le discours récurrent est que le droit d'auteur doit s'adapter aux nouvelles technologies. La problématique apparaît donc brouillée et les esprits sont particulièrement déstabilisés ; quand en plus on constate que certains artistes défendent l'échange et le partage de fichiers musicaux, on ne peut pas s'empêcher de se dire que l'on est franchement rentré dans la quatrième dimension… C'est pourtant bien le spectacle surréaliste qui nous a été donné au début de l'année 2005 quand les premières condamnations pour usage de P2P commencèrent à tomber. La justice fit son œuvre et défilèrent devant les tribunaux toute une série d'individus mélomanes : étudiants, chômeurs, enseignants, etc. Mais tout ce petit monde trouva un allié de poids dans le chœur des pleureuses qui lança dans le *Nouvel Obs* un vibrant appel intitulé « Libérez l@ musique ! ». Constituée principalement de professionnels de la musique et de gens de gauche, cette cohorte improbable avoua que « comme huit millions de Français, au moins, nous avons, nous aussi téléchargé un jour de la musique en ligne et sommes donc des délinquants en puissance. Nous demandons l'arrêt de ces poursuites absurdes. » Que certains artistes aient souhaité scier la branche sur laquelle ils sont assis, après tout, cela les regarde (les mauvaises langues diront d'ailleurs que ceux qui veulent légaliser le P2P sont ceux qui ne vendent pas de disques et il est vrai que l'on ne voyait guère dans cette liste des chanteurs collectionnant les disques d'or). Le plus étonnant dans cette histoire est le déni du délit ; en effet, les téléchargeurs se considèrent comme des délinquants en puissance et non pas comme des délinquants tout court. Je sais bien que l'adjectif virtuel est souvent employé comme synonyme de l'expression « en puissance » et que dans l'imaginaire des internautes tout ce qui se passe sur la Toile est virtuel, mais les personnes qui téléchargent sont des contrevenants à la loi et semblent visiblement impuissants à comprendre la réalité des choses. Nous verrons d'ailleurs que ce ne sont pas les seuls car les politiques ont aussi beaucoup de mal à intégrer cette réalité pénale. On se demande bien ce qu'il y a d'absurde à appliquer la loi que nul n'est censé ignorer quand on a pris la peine de vous avertir de l'imminence des poursuites par le biais de différentes campagnes de communication. Les internautes mépriseraient-ils à ce point la chose politique qu'ils ne souhaitent plus que l'on applique les lois votées par les députés qu'ils ont élus ? La désobéissance civile peut se concevoir dans des cas extrêmes, mais n'est-il pas préférable de réserver ces combats à des sujets qui en valent la peine ? Gardons-nous de céder à la logique du peer…

RAPPEL TECHNIQUE SUR LE P2P

P2P est l'abréviation de peer-to-peer, que l'on peut traduire en français par pair à pair. Il s'agit d'une belle invention technologique que l'on peut schématiser de la manière suivante : dans un réseau classique, il y a un serveur et des clients qui viennent chercher des informations sur le serveur ; dans le cas d'un site Web, un ordinateur contient des pages Web et des clients (ce sont les navigateurs Internet) demandent l'affichage des pages qui sont stockées sur le serveur. Dans un réseau P2P, chaque ordinateur connecté au réseau joue le rôle de serveur et contient des informations qui peuvent être échangées directement avec les autres membres du réseau. Gnutella, sorti en 1999, fut l'un des premiers logiciels de P2P à proposer des échanges de fichiers sur le Web. Il a été suivi par de nombreux autres logiciels : Napster, KaZaA, eMule, SoulSeek, Morpheus, iMesh, eDonkey, LimeWire, BitTorrent… Si tous ces logiciels servent au partage de fichiers (en général de la musique, de la vidéo et quelques ouvrages), on peut également utiliser le principe du P2P pour faire du calcul distribué. Dans cette technologie, chaque ordinateur donne une partie de la puissance de calcul de son microprocesseur pour participer à un immense réseau de calcul dont la visée scientifique va du génome humain à la découverte d'une intelligence extraterrestre. De la même manière, le logiciel Skype qui permet de téléphoner par Internet est une forme de réseau P2P.

Grâce à un logiciel de P2P, les fichiers que je stocke dans la partie de mon disque qui est partagée deviennent ainsi immédiatement accessibles (pour peu que je sois connecté au réseau) à l'ensemble des internautes qui exécutent le même logiciel que moi. Faisons un calcul simple : si un millier de personnes stockent chacune sur leur disque dur un millier de chansons différentes, on dispose ainsi d'une bibliothèque virtuelle d'un million de chansons.

Cette perspective semble particulièrement alléchante et on se met vite à rêver d'une bibliothèque universelle qui renfermerait toutes les créations artistiques de la terre. Le seul petit problème de cette belle utopie est que cela pose des problèmes juridiques et économiques car, bien évidemment, l'immense majorité de ceux qui partagent des œuvres culturelles ne détiennent aucun droit pour réaliser une telle opération.

NOTIONS ÉLÉMENTAIRES SUR LE DROIT D'AUTEUR

Le droit est une discipline exigeante à laquelle le grand public ne comprend en général pas grand-chose. Cela n'a rien d'étonnant car les juristes emploient une langue complexe et aucun cours de droit n'est dispensé au collège ni au lycée. Il s'ensuit une méconnaissance générale du droit alors que nul n'est censé ignorer la loi. Le droit d'auteur, qui appartient à la branche générale du droit de la propriété intellectuelle, est encore plus difficile à appréhender car il fait appel à des concepts qui jonglent avec l'idéalité. Cette ignorance doublée souvent d'une mauvaise foi caractérisée rend toute discussion difficile, voire impossible. Nous allons cependant tenter de décrire succinctement quelques principes du droit d'auteur et examiner les arguments invoqués par ceux qui veulent le mettre à mort.

En France, le droit d'auteur est encadré par le Code de la propriété intellectuelle qui se décompose en deux parties distinctes : la propriété littéraire et artistique (le droit d'auteur) et la propriété industrielle (notamment le droit des brevets).

Quand on parle ici d'auteur et de droit d'auteur, il faut prendre ce terme au sens le plus large et le considérer comme un créateur. Au sens de la propriété intellectuelle, un auteur est celui qui crée des œuvres de l'esprit.

Le Code de la propriété intellectuelle ne définit pas ce qu'est une œuvre de l'esprit, mais préfère en donner une liste :

- livres, brochures et autres écrits littéraires, artistiques et scientifiques ;

- conférences, allocutions, sermons, plaidoiries et autres œuvres de même nature ;
- œuvres dramatiques ou dramatico-musicales ;
- œuvres chorégraphiques, numéros et tours de cirque, pantomimes, dont la mise en œuvre est fixée par écrit ou autrement ;
- compositions musicales avec ou sans paroles ;
- œuvres cinématographiques et autres œuvres consistant dans des séquences animées d'images, sonorisées ou non, dénommées ensemble œuvres audiovisuelles ;
- œuvres de dessin, de peinture, d'architecture, de sculpture, de gravure, de lithographie ;
- œuvres graphiques et typographiques ;
- œuvres photographiques et celles réalisées à l'aide de techniques analogues à la photographie ;
- œuvres des arts appliqués ;
- illustrations, cartes géographiques ;
- plans, croquis et ouvrages plastiques relatifs à la géographie, à la topographie, à l'architecture et aux sciences ;
- logiciels, y compris le matériel de conception préparatoire ;
- créations des industries saisonnières de l'habillement et de la parure.

Ce catalogue est assez hétéroclite et l'on y trouve aussi bien des œuvres de l'esprit communément admises en tant que telles, mais également des choses plus surprenantes comme les logiciels.

Dès qu'un auteur crée une œuvre, celle-ci est protégée par le droit de la propriété intellectuelle, qu'elle ait été publiée ou non.

En matière de droit d'auteur, on distingue deux types de droits : le *droit moral* et le *droit patrimonial.*

Le droit moral permet notamment à l'auteur d'une œuvre d'en revendiquer la paternité et aussi d'en faire respecter l'intégrité. Par exemple, le réalisateur d'un film en noir et blanc pourra s'opposer au distributeur du film qui souhaite en projeter une version colorisée.

Les droits patrimoniaux sont les droits qui permettent à un auteur de retirer un bénéfice de son œuvre. Ils portent donc principalement sur l'exploitation et la diffusion des œuvres. Les droits patrimoniaux protègent donc les intérêts de l'auteur et du diffuseur de ses œuvres.

Si l'on prend la peine de lire les articles L122-1 à L122-12 qui définissent les droits patrimoniaux de l'auteur dans le Code de la propriété intellectuelle[1], on s'aperçoit que l'exploitation d'une œuvre est extrêmement encadrée. En fait, toute utilisation d'une œuvre qui n'est pas prévue par l'auteur doit faire l'objet d'un accord direct avec l'auteur ou bien avec la personne qui est chargée par l'auteur d'exploiter ses œuvres.

Par exemple, si vous souhaitez afficher sur votre blog un poème d'un auteur que vous appréciez particulièrement, vous devez demander l'autorisation à l'auteur ou bien à l'éditeur à qui l'auteur a accordé les droits de diffusion de cette œuvre. Cette démarche peut sembler contraignante, mais c'est pourtant la seule qui soit juridiquement valable.

Bien évidemment, ce raisonnement vaut pour tous les types d'œuvres, qu'il s'agisse d'un texte, d'une image, d'une chanson, d'un logiciel ou bien encore d'un film. En cas de non respect de ces dispositions légales, vous risquez de vous faire condamner. Ainsi, la mise à disposition sur un site Web de paroles de chansons, sans le consentement de l'auteur ou de son éditeur, a été plusieurs fois condamnée par les tribunaux[2].

Ce principe peut paraître réducteur et accorder trop d'importance au pouvoir de l'auteur sur son œuvre, mais c'est la loi ! D'autre part, vous imaginez bien que si le fait de recopier des paroles constitue une infraction, il en va de même pour la musique elle-même...

Il existe cependant des exceptions prévues par la loi qui limitent le droit d'auteur (article L122-5), notamment le *droit à la copie privée* et le *droit de citation*. En matière de citation, la loi stipule que les citations doivent être courtes et le nom de l'auteur et la source doivent être indiqués clairement.

DROIT D'AUTEUR, COPIE PRIVÉE ET P2P

Il existe donc un principe fort simple en matière de droit d'auteur : on n'a pas le droit d'utiliser une œuvre sans l'autorisation de l'auteur en dehors des cas prévus par l'auteur. Il faut bien comprendre que l'auteur est propriétaire de son œuvre et qu'il en fait ce qu'il en veut.

1. Tous les codes sont disponibles sur le site www.legifrance.gouv.fr
2. http://www.juriscom.net/jpc/visu.php?ID=155
http://www.juriscom.net/jpc/visu.php?ID=250

Quand un chanteur écrit des chansons et fait un disque, il accorde aux acheteurs de son disque uniquement le droit d'écouter la musique qu'il a créée dans le cadre qu'il a prévu, c'est-à-dire en écoutant son disque. Le simple fait d'acheter un disque n'accorde aucun autre droit. La matérialité du disque (un morceau de plastique de douze centimètres de diamètre) est notre propriété, mais cela ne confère absolument aucun droit sur l'œuvre, si ce n'est le droit de l'écouter sur l'appareil de son choix.

Pour l'instant, la seule tolérance qu'accorde la loi, c'est de faire une copie privée des œuvres que l'on a acquises et la jurisprudence récente[1] encadre encore plus sévèrement cette exception au droit d'auteur. Beaucoup d'internautes ignorants ou de mauvaise foi justifient le piratage de la musique au nom de l'*exception de copie privée*. Les choses sont pourtant extrêmement claires : on a le droit de faire une copie d'un disque que l'on a acheté, uniquement pour son usage personnel. Cela signifie que, lorsque vous achetez un disque, vous pouvez sans problème graver un CD-ROM pour l'écouter dans votre voiture ou votre maison de campagne. En revanche, cela ne vous autorise pas à en faire une copie pour votre voisin, votre cousin ou votre collègue de bureau.[2]

Nous savons tous que peu de gens respectent cette loi à la lettre et il nous est tous arrivé de faire des copies qui dépassaient le cadre strict de la copie privée. Le problème actuel qui a fait réagir les professionnels de l'industrie du disque est que la généralisation d'Internet, couplée à la montée en puissance des débits et à l'émergence des logiciels de P2P qui autorisent le partage de fichiers entre des millions d'internautes, ont contribué à mettre en place un système de piratage généralisé à l'échelle industrielle.

Un des grands arguments des défenseurs du P2P est que ceux qui téléchargent beaucoup de musique sont en fait de gros acquéreurs de biens culturels, le téléchargement de musique leur permettant de découvrir de nouveaux artistes dont ils s'empressent par la suite d'acheter les disques. Dans cette optique, le P2P servirait donc de vitrine virtuelle, ce qui devrait logiquement développer les ventes de disque. Malheureusement, les faits sont parfois têtus et viennent démentir les plus belles argumentations. En effet, depuis cinq ans, les ventes de disques sont en perpétuelle chute, ce que confirment les chiffres du rap-

1. www.juriscom.net/uni/visu.php?ID=799
www.zdnet.fr/actualites/internet/0,39020774,39373569,00.htm
2. En fait, le problème est encore plus complexe car la question de la licéité de la source de la copie privée n'a pas encore été tranchée…
http://droitntic.over-blog.com/article-13090989.html

port de l'Observatoire de la musique / GfK sur le marché du support musical au 2e trimestre 2007[1] :

« Le marché du CD audio connaît au 2e trimestre 2007 encore une nette décroissance de -17,1 % en volume (16,7 millions d'unités vendues vs. 20,2 millions au 2e trimestre 2006), et de -15,9 % en valeur (231 millions d'euros TTC vs. 275 millions).

Cette forte érosion des ventes fait suite aux pertes déjà constatées : depuis le 2e trimestre 2002, la décroissance s'élève à -49,1 % en volume et -46,4 % en valeur. »

Le Syndicat national de l'édition phonographique annonce des chiffres[2] relativement similaires, mais les tenants du P2P ne veulent croire qu'à une intoxication de la part du SNEP pour imposer ses vues au gouvernement en matière de lutte contre le téléchargement illégal.

Pourtant, dans le très sérieux rapport de la commission sur l'Économie de l'immatériel[3], les auteurs reconnaissent le lien entre P2P et chute des ventes :

« L'impact du téléchargement illégal sur les ventes physiques est indéniable. Il serait cependant excessif d'en faire la cause exclusive de la baisse des ventes. D'abord, le téléchargement illégal ne se substitue pas nécessairement à l'achat. Ensuite, il peut y avoir d'autres explications à la baisse des ventes de CD. Les ménages, les plus jeunes notamment, ont pu procéder à des arbitrages de leur budget en faveur de nouveaux produits technologiques (jeux vidéo, abonnement Internet, écrans plats) au détriment des produits culturels. »

Le phénomène est d'autant plus inquiétant pour les industriels du disque que les offres de téléchargement légal, malgré des débuts prometteurs, semblent s'essouffler. On comprendrait fort bien que les ventes de disques s'effondrent s'il y avait un transfert vers un autre support (baladeur MP3, téléphone mobile...), mais ce n'est pas le cas pour l'instant. On retrouve, toutes proportions gardées, le même phénomène avec les ventes de DVD ; le recul des ventes consécutif depuis deux ans ainsi que la diminution de la fréquentation des vidéoclubs pourrait s'expliquer si la vidéo à la demande (en anglais VOD pour *video on demand*) décollait, mais ce nouveau service a beaucoup de mal à s'imposer. Dans ces conditions, comment ne pas lier la baisse de la vente de DVD à la centaine de millions de films téléchargés illégalement sur Internet en France en 2007 ?

1. http://rmd.cite-musique.fr/observatoire/document/COM_MME_T207.pdf
2. www.disqueenfrance.com/actu/economie_disque/default.asp
3. http://immateriel.minefi.gouv.fr

La numérisation de l'information introduit de nombreux bouleversements dans l'industrie du loisir et de la culture et de profondes mutations sont à attendre. Dans son best-seller *L'homme numérique*, Nicholas Negroponte prédit, par exemple, la disparition à court terme des vidéoclubs et chacun peut comprendre que la VOD remplacera prochainement ces boutiques de location qui sont donc amenées à disparaître. Une profession va périr, mais elle va faire place à une autre activité ; en revanche si le téléchargement illégal perdure, une profession va disparaître, mais elle ne sera remplacée par rien d'autre.

Face à l'importance prise par le phénomène du P2P, il était somme toute assez logique que les industries phonographiques réagissent, ce qu'elles ont fini par faire. Elles ont d'abord commencé par rappeler le volet pénal du code de la propriété intellectuelle qui assimile le téléchargement illégal à de la contrefaçon, peine sévèrement punie par le Code de la propriété intellectuel (article L335-4) :

« Est punie de trois ans d'emprisonnement et de 300 000 euros d'amende toute fixation, reproduction, communication ou mise à disposition du public, à titre onéreux ou gratuit, ou toute télédiffusion d'une prestation, d'un phonogramme, d'un vidéogramme ou d'un programme, réalisée sans l'autorisation, lorsqu'elle est exigée, de l'artiste-interprète, du producteur de phonogrammes ou de vidéogrammes ou de l'entreprise de communication audiovisuelle. »

Les procès pour usage de P2P ont donc commencé à pleuvoir et de nombreux internautes ont été condamnés. Bien évidemment, aucune peine de prison n'a été prononcée, mais des amendes aux montants variables ont été infligées aux internautes contrevenants, sans que cela ne semble pour autant enrayer le phénomène du téléchargement illégal. L'ancien ministre de la Culture, Renaud Donnedieu de Vabres a cru trouver la parade miracle avec le vote de la loi DADVSI

LES PALINODIES JURIDIQUES DE LA LOI DADVSI

Tout commence en 2001 lorsque le Parlement européen vote le 22 mai la Directive 2001/29/CE[1] sur l'harmonisation de certains aspects du droit d'auteur et des droits voisins dans la société de l'information (DADVSI). Par droits voisins du droit d'auteur, on entend les droits

1. http://eur-lex.europa.eu/LexUriServ/LexUriServ.do?uri=CELEX:32001L0029:FR:HTML

des personnes qui contribuent à la réalisation des œuvres artistiques comme les interprètes ou les producteurs. Comme toutes les directives européennes, elle doit être transposée en droit national dans les 18 mois suivant sa publication. En novembre 2003, un projet de loi est déposé à l'Assemblée nationale, alors que la directive aurait dû être transposée au plus tard en décembre 2002... Le gouvernement de l'époque ayant sans doute d'autres préoccupations, le texte arrive en commission des lois en mai 2005, puis l'urgence est déclarée subitement en décembre 2005 où le texte arrive en discussion en séance publique. Le but du ministre de la Culture, Renaud Donnedieu de Vabres, est d'arriver à modifier le droit d'auteur pour prendre en compte la réalité d'Internet, tout en instaurant une riposte graduée afin d'enrayer le téléchargement illégal. En clair, on passe d'une peine de trois ans d'emprisonnement à un système de contraventions où chaque internaute pris la main dans le disque dur écope d'une amende dont le prix varie entre 38 et 150 euros, le fait de mettre de la musique à la disposition d'autrui étant plus sévèrement sanctionné que le fait de télécharger. Le problème est que ce bel édifice législatif ne fait pas l'unanimité et que certains parlementaires ont une autre idée en tête : instaurer ce que l'on appelle la *licence globale* ; pour une somme forfaitaire d'une dizaine d'euros reversée à son FAI, l'internaute peut télécharger autant qu'il le veut et l'argent ainsi récolté est redistribué aux sociétés qui gèrent les droits des artistes. Dans la soirée du 21 décembre, un amendement est déposé en ce sens et plusieurs parlementaires, y compris ceux de la majorité, défendent l'idée de la licence globale. Madame Christine Boutin s'exprime en ces termes :

« ... je m'étonne d'entendre trop souvent parler de « piratage » pour qualifier les usages adoptés par des millions de Français et nombre de nos enfants, consistant simplement à télécharger des œuvres sur Internet. Ces actes relèvent tout simplement de la copie privée, et l'on ne peut pas les interdire dès lors qu'ils sont effectués dans le cadre de la sphère privée. Je rappelle en effet que le principe de la copie privée découle de celui de la protection de la vie privée – excusez du peu –, qui est une valeur fondamentale de la République et sur laquelle, je pense, personne, sur aucun de ces bancs, ne veut revenir... Enfin, force est de constater que nous ne parvenons pas à empêcher les particuliers de s'échanger des œuvres entre eux. Pour lutter contre ce phénomène, certains lobbies proposent d'accroître la répression. Il est vrai que l'on a actuellement tendance à recourir à la philosophie sécuritaire dès que surgit un problème, ce que personnellement je dénonce. Mais même présentée sous la forme d'une « réponse graduée », elle n'empêchera pas d'aller plus loin dans la traque des internautes... Face à ce constat, on ne peut que s'orienter vers une autre voie, certes plus originale, mais surtout plus équilibrée, qui permet d'éviter l'écueil de la répression, les risques du filtrage et les dangers du contrôle à distance : je veux parler de la licence globale, qui permet de réintroduire une réelle valeur économique dans les nouveaux usages d'échange jusqu'à présent gratuits. Si je défends ce dispositif, c'est parce qu'il respecte la liberté, développe la responsabilité des internautes et crée un espace de sécurité juridique. »

Chacun aura donc bien compris que Madame Boutin veut protéger nos enfants, respecter la vie privée et demeure hostile aux mesures sécuritaires, même si son analyse sur la copie privée ferait frémir plus d'un juriste spécialiste du droit d'auteur. J'invite d'ailleurs tous les internautes à lire l'intégralité[1] de cette séance nocturne surréaliste car c'est un réel bonheur de voir la manière dont certains députés argumentent leur propos. Incidemment, Internet joue un rôle très important en matière d'éducation civique car les textes de lois y sont facilement accessibles et il est même possible de suivre les débats de nos députés en direct.

Toujours est-il que sur le coup de minuit, l'amendement proposant la licence globale est adopté par 30 voix contre 28 (eh oui, c'était bientôt Noël et il n'y avait à peu près qu'un député sur dix présent en séance...). Les députés partent en vacances et la discussion reprend en mars 2006, mais entre-temps le gouvernement a retiré l'article litigieux, réglant du même coup le sort de la licence globale dont l'existence n'aura été que virtuelle et de courte durée. Après d'autres péripéties, le texte final est finalement adopté par les deux assemblées en juin 2006 avec le principe d'une riposte graduée contre le téléchargement illégal. Malheureusement, l'opposition saisit le Conseil constitutionnel qui rendra à la fin du mois de juillet[2] un avis censurant quelques articles de loi, dont celui instaurant des contraventions pour punir le téléchargement illégal. Cela a pour effet de revenir en arrière, si bien que l'usage du P2P s'assimile à nouveau à une contrefaçon punissable de trois années de prison... Au bout du compte, la France aura mis cinq ans à transcrire la directive européenne pour aboutir à un fiasco juridique. Les juristes amateurs ou tous ceux qui s'intéressent aux mœurs politiques de notre beau pays pourront consulter l'intégralité du dossier législatif à l'adresse suivante :

http://www.assemblee-nationale.fr/12/dossiers/031206.asp

1. www.assemblee-nationale.fr/12/cri/2005-2006/20060109.asp
2. www.conseil-constitutionnel.fr/decision/2006/2006540/index.htm

LE DROIT D'AUTEUR REMIS EN CAUSE

Le droit d'auteur qui, en France s'est péniblement constitué à partir du XVIIIe, est menacé par de nombreuses personnes qui ne partagent pas toutes le même point de vue. Outre les cris d'orfraie que poussent les bons parents qui ne veulent pas que leurs enfants soient considérés comme des délinquants, certains revendiquent carrément un accès gratuit à la culture. On trouve cependant des critiques un peu plus élaborées chez certains auteurs américains, comme Lawrence Lessig qui est professeur de droit à l'université de Stanford. Dans son ouvrage *L'avenir des idées*[1] (dont le sous-titre est *Le sort des biens communs à l'heure des réseaux numériques*), Lawrence Lessig dénonce les abus du droit d'auteur aux États-Unis et sa thèse peut être résumée par l'extrait suivant :

« Nous sommes environnés des effets de la révolution technologique, et donc culturelle, la plus décisive depuis des générations. Cette révolution a entraîné l'incitation à innover la plus puissante et la plus diversifiée qu'aient connue les temps modernes. Mais une confusion s'est installée dans un ensemble d'idées qui sont au cœur de cette prospérité : la « propriété ». Cette confusion nous amène à modifier notre environnement dans une direction qui va transformer cette prospérité. En croyant comprendre quel est son mode de fonctionnement, tout en ignorant la nature de la prospérité réelle qui nous entoure, nous sommes en train de modifier les règles qui rendent possible la révolution de l'Internet. Ces transformations seront la mort de cette révolution. »

Lessig a parfaitement raison de vitupérer les abus du droit d'auteur, notamment en ce qui concerne le droit de l'image, et on assiste également à ce genre de dérives en France où il devient très difficile de photographier ou de filmer certains lieux publics. En effet, on trouve très souvent sur son chemin un artiste ou un propriétaire procédurier qui revendique un droit sur l'utilisation de l'image de son œuvre ou de son bien. Il s'ensuit une espèce de confiscation de l'espace public qui est intolérable.

Lessig n'a également pas tort de dénoncer l'allongement des durées de protection des œuvres. En France, et dans de nombreux autres pays,

1. L'ouvrage américain a été traduit aux Presses Universitaires de Lyon. Il en existe une version papier qui est commercialisée et une version en ligne disponible à l'adresse suivante :
http://presses.univ-lyon2.fr/sdx/livres/pul/2005/avenir-idee

les droits patrimoniaux d'une œuvre s'éteignent 70 ans après la mort de leur auteur. Ma conception personnelle du droit d'auteur est qu'un auteur doit pouvoir vivre du fruit de son travail, mais que ses héritiers doivent assurer leur subsistance par leurs propres moyens et leur mérite personnel. Dans ces conditions, revenir à la durée de 5 ans après le décès de l'auteur pour qu'une œuvre tombe dans le domaine public, comme c'était le cas dans les premières lois sur le droit d'auteur, serait une excellente chose.

En revanche, là où je ne suis pas certain de suivre Lessig, c'est dans son affirmation que la révolution technologique implique une révolution culturelle. Que la révolution technologique ait profondément modifié certains usages sociaux est une évidence que chacun peut facilement constater quotidiennement. Pouvons-nous parler pour autant de révolution culturelle ? Il y a un pas que je ne franchirai pas car cela signifierait que le moteur de la culture réside pour partie dans la technique, ce qui fait immanquablement penser à la formule de Marshall Mac Luhan « le message, c'est le médium ». En fait, un des principaux arguments des détracteurs du droit d'auteur est que le changement de support doit forcément impliquer une modification du droit. En quoi le passage d'un support comme le CD à un support qualifié d'immatériel comme le format MP3 pourrait-il bien changer la donne du point de vue du droit d'auteur ? Il me semble que l'on confond une réalité technique avec un problème purement intellectuel. Il y aurait d'ailleurs beaucoup à dire sur cette dénomination d'immatériel ; il est quand même étonnant que pour écouter de la musique au format MP3 sur un baladeur numérique, on soit obligé de posséder un ordinateur connecté à Internet. On voit donc bien que chaque fois que l'on parle d'immatériel ou de dématérialisation, cela implique la mise à disposition d'un matériel qui peut parfois être fort encombrant.

Dans le même ordre d'idées, bon nombre d'internautes somment le droit d'auteur de s'adapter aux nouvelles technologies. En général, ceux qui souhaitent légaliser le téléchargement n'argumentent jamais leur thèse, mais assènent comme une évidence que c'est au droit de s'adapter. Il semblerait que personne n'ose poser la question inverse : pourquoi Internet ne s'adapterait-il pas au droit d'auteur ? Pourquoi balayer d'un revers de main le droit de la propriété littéraire et artistique qui bien qu'historiquement récent est toutefois beaucoup plus ancien qu'Internet ? Les amateurs de nouvelles technologies seraient à ce point si incultes qu'ils souhaitent annuler sans vergogne l'héritage des deux cents dernières années et nier le contexte historique de l'élaboration du droit d'auteur ?

L'autre argument des défenseurs de la libre circulation des biens culturels est que la copie pirate d'une œuvre ne prive pas le créateur du bien de sa possession. En clair, si l'on me vole ma voiture, je ne peux plus m'en servir, mais si l'on fait une copie de ma collection de CD, je peux toujours continuer à les écouter. Ce point de vue, qui paraît de prime abord frappé au coin du bon sens, méconnaît une distinction fondamentale du droit d'auteur : quand on achète un CD, on n'achète pas une œuvre, mais un droit d'utiliser cette œuvre comme l'auteur l'a prévu. De la même manière, quand vous achetez un roman, vous n'achetez pas une œuvre, mais une reproduction d'une œuvre que vous avez le droit de lire. Cette distinction peut paraître subtile, ou futile pour certains, mais elle part du principe qu'une œuvre n'appartient qu'à l'auteur et qu'elle ne réside que dans l'esprit de l'auteur. Nous n'achetons pas des œuvres, qui sont par essence des constructions idéales, mais des représentations (on emploie également le terme manifestation) des œuvres de l'esprit. C'est bien pour cette raison que la question du support n'a aucun rapport avec l'œuvre d'un auteur. Un auteur crée une œuvre avec son cerveau et le mode technique de cette représentation ne doit absolument pas influencer le droit d'auteur. En revanche, d'un simple point de vue technique, je trouve en effet extrêmement intéressant de pouvoir stocker les centaines de CD de ma collection sur un disque dur accessible en Wi-Fi sur l'ensemble des ordinateurs de mon domicile. Mais cela n'a rien à voir avec le droit d'auteur.

Toutes les personnes raisonnables qui veulent assouplir le droit d'auteur en raison des bouleversements technologiques sont cependant d'accord pour que l'auteur puisse tirer une juste rétribution de son travail, mais il y a quand même chez certains une mauvaise foi caractérisée à ne pas reconnaître que le fait de copier une chanson, un film ou un livre spolie l'auteur d'une partie de ses gains, même si l'on est bien d'accord pour admettre que chaque téléchargement n'est pas forcément une vente manquée. La licence globale paraît la panacée pour tous ces ardents défenseurs de la « liberté culturelle », mais dès que l'on rentre dans les détails techniques d'une telle mesure, on se rend compte qu'elle crée plus de problèmes qu'elle n'en résout. Outre les difficultés inhérentes à la juste redistribution des droits d'auteur collectés par la licence globale, se pose le problème du caractère facultatif de la licence globale. Dans ces conditions, on ne voit pas très bien pourquoi les internautes qui bravent la loi voudraient s'acheter une bonne conscience en payant leur dîme à leur FAI. D'autres envisagent même que la culture soit un service entièrement gratuit, ce qui reviendrait à la considérer comme un service public et transformerait donc ipso facto les auteurs en agents de l'État. Cette fonctionnarisation de la culture n'est bien évidemment pas souhaitable car les auteurs ont besoin d'être avant tout libres, qualité qui s'accommode assez mal du statut de la fonction publique.

On ne peut absolument pas transiger avec l'exigence fondamentale que chaque auteur puisse vivre de son œuvre si elle rencontre un public et force est de constater que sur ce point de vue-là, les beaux discours sont un peu légers pour proposer des alternatives au modèle économique actuel qui est battu en brèche en raison d'une mutation technologique du support. D'un point de vue purement symbolique, accepter de copier sans payer une œuvre, c'est implicitement reconnaître, non pas que l'œuvre n'a pas de valeur, mais que l'auteur n'est pas digne de recevoir une juste rétribution de son travail. J'ai certes une vision du statut de l'auteur que ceux qui veulent remettre en cause le droit d'auteur qualifient volontiers de romantique, mais il faut réapprendre « la considération qu'on doit aux gens de lettres » et cette première forme de reconnaissance passe par le paiement du droit de jouir des œuvres.

Les idées développées par Lessig trouvent un écho dans l'ouvrage de Florent Latrive, *Du bon usage de la piraterie*[1]. Il faut reconnaître au journaliste de *Libération* un certain talent pour décrire les problèmes actuels posés par l'application du droit d'auteur. Soulignons également la cohérence dont il fait montre en diffusant son travail gratuitement en version électronique, alors que la version imprimée reste en vente. Cela étant, on peut se demander si la comparaison qu'il établit quasi systématiquement entre le droit des brevets et le droit d'auteur est bien raisonnable. Il est sans nul doute regrettable que les sociétés pharmaceutiques qui détiennent les brevets sur les médicaments capables de lutter contre le sida ne veuillent pas baisser les prix pour proposer des traitements aux pays pauvres de l'Afrique à un coût raisonnable, mais je n'arrive pas bien à voir le parallèle avec le téléchargement de la musique sur les réseaux P2P. En quoi la comparaison entre une œuvre artistique et une découverte scientifique serait-elle valide ? La propriété littéraire et la propriété industrielle sont deux domaines que l'on regroupe sous le terme de propriété intellectuelle, mais il me semble que ni leur économie, ni leur mode de création ne sont comparables.

On trouve aussi chez Florent Latrive et bon nombre de défenseurs du téléchargement, qui se qualifient volontiers de libérateurs de la culture, une désapprobation de l'emploi du terme pirate pour désigner les internautes qui utilisent un logiciel de P2P, arguant du fait qu'il n'y a pas lieu de comparer un contrefacteur taïwanais qui produit des centai-

1. Tout comme la traduction de l'ouvrage de Lessig, le livre de Latrive est disponible au format papier et au format électronique à l'adresse suivante : http://www.freescape.eu.org/piraterie/

nes de milliers de CD pirates tous les mois et un adolescent qui télécharge quelques titres de musique sur son ordinateur. Il est vrai que pour la loi l'incrimination pénale est la même : il s'agit dans les deux cas de contrefaçon, mais il ne viendrait à l'idée d'aucun juge d'apprécier les faits de la même manière. Je reconnais bien volontiers qu'il y a une incongruité sémantique à comparer les deux situations, mais on ne peut pas non plus exonérer de leur responsabilité les téléchargeurs sous le prétexte que la comparaison est erronée.

Certains internautes justifient le téléchargement en arguant du caractère insupportable de l'attente de la diffusion des séries américaines en France. En effet, il faut en général patienter une année avant qu'une série à succès soit diffusée sur les chaînes de télévision nationales. Comme ce délai semble beaucoup trop long pour les fanatiques des séries, des groupes bénévoles très organisés dépensent une énergie étonnante pour proposer, quasi immédiatement après leur diffusion aux États-Unis, les épisodes des principales séries américaines qu'ils prennent la peine de sous-titrer en français en un temps record. Il y a là un indéniable savoir-faire qui permet aux impatients de satisfaire leur goût pour les séries dont il faut bien reconnaître que certaines sont fort bien faites. Il est bien évident que le droit d'auteur n'est pas respecté, mais c'est là l'unique moyen de regarder ces séries si l'on ne veut pas attendre leur diffusion en France. C'est d'ailleurs l'argumentation employée par nos sous-titreurs nationaux : comme il n'existe pas d'offre légale pour visualiser ces séries en français, ils s'arrogent le droit de produire les sous-titres. Fort logiquement, ils ont donc arrêté de sous-titrer la série Heroes à partir du moment où une offre légale a été mise en place[1]. Bien évidemment, l'argument invoquant la légitimité du téléchargement en raison de l'indisponibilité temporaire en français est ridicule et ne tient pas car on ne voit pas très bien en quoi le fait d'attendre quelques mois constituerait un problème ; et si tel est le cas, il s'agit d'une addiction et donc d'un problème psychologique qui ne relève pas du droit d'auteur. Le seul argument valable est celui de la VO car les chaînes généralistes s'évertuent malheureusement à passer les séries (et la plupart des films) en version doublée, plutôt qu'en version sous-titrée. Télécharger est ainsi le seul moyen de bénéficier d'une version originale quand on est pressé car les amateurs de VO, s'ils sont patients, peuvent bien entendu acquérir, dès leur parution, les DVD de la série et goûter les joies de la langue d'origine, sous-titrée dans la lan-

1. www.svmlemag.fr/blog/les_sous_titres_de_la_serie_heroes_disparaissent_du_web

gue de leur choix (VO ou VF, alternative que ne proposent pas en général les versions téléchargées).

Mais une des principales motivations du téléchargement illégal de vidéos, qui est d'ailleurs rarement avouée de manière explicite, est peut-être à chercher ailleurs : bon nombre d'internautes aiment briller en société en déclarant qu'ils ont déjà vu un film qui n'est pas encore sorti en France ou bien qu'il sont en train de regarder la troisième saison d'une série, alors que les autres, pauvres malheureux, n'en sont qu'à la deuxième saison. Dans ces conditions, ce n'est peut-être finalement pas une atteinte considérable à la sphère privée ni faire montre d'une philosophie sécuritaire outrancière que de demander à ces empressés de patienter quelques mois et d'attendre que leurs œuvres favorites soient diffusées par des canaux plus légaux.

DU RESPECT DU DROIT MORAL

À mes yeux, il y a quelque chose dont on entend finalement assez peu parler et que j'estime encore plus grave que de ne pas payer les œuvres dont on souhaite profiter. En effet, dans le débat qui fait rage aujourd'hui sur l'interdiction des réseaux P2P, on ne parle que d'argent et de manque à gagner pour les industries du disque et du cinéma si bien que le discours sur le droit d'auteur est parasité par les problèmes purement économiques. Je revendique pourtant un droit « d'hauteur de vue » sur l'idéalité des œuvres afin que cessent les atteintes au droit moral de l'auteur.

Tentons ici de rappeler quelques vérités premières extraites du code de la propriété intellectuelle. En préambule du chapitre consacré aux droits moraux, il est stipulé que « l'auteur jouit du droit au respect de son nom, de sa qualité et de son œuvre ». Ainsi, quand un chanteur compositeur prend un grand soin à composer la pochette de son disque en faisant travailler des graphistes et des photographes sur son projet artistique, il est clair que l'internaute qui ne vise qu'à charger l'eMule et à remplir son disque dur de milliers de fichiers MP3 n'est pas vraiment sur la même longueur d'onde et n'a cure du droit moral. Les bonnes âmes charitables expliqueront à l'envi que ce malheureux est victime du syndrome du collectionneur et qu'il faut donc l'excuser ; il en va sans doute de même de tous ces amoureux du cinéma qui exhibent avec fierté leur classeur de CD où ils engrangent des centaines de DVD recopiés au format DivX. Comme on ne fait pas d'erreurs sans se tromper, les bonus du DVD et la VO sont bien entendu passés à la trappe, mais quand on recherche la quantité et non pas la qualité, cela n'a aucune espèce d'importance.

Le droit de paternité dont les auteurs jouissent normalement sur leur œuvre est très souvent bafoué et l'on ne compte plus le nombre de films dont le générique de fin est tronqué pour gagner quelques précieux octets sur le CD. Dans le même ordre d'idées, alors que la qualité technique des images s'améliore grâce à l'utilisation de la haute définition, il est assez paradoxal de voir apparaître de plus en plus souvent des vidéos compressées pour être regardées sur des téléphones mobiles. On arrive aussi à trouver sur les réseaux de P2P des films qui ont été captés lors d'une projection et l'on bénéficie, en plus de l'œuvre originale des commentaires des spectateurs et des bruits de la mastication du pop-corn. Il arrive également que l'apprenti cameraman (qui n'a pas dû faire l'Idhec) tremble un peu et que le spectateur assis devant se lève pendant la projection, mais c'est sans doute cela que l'on appelle la culture numérique !

En compressant au format DivX, on a aussi parfois altéré le format de l'image, mais comme l'essentiel est de posséder une copie sans l'avoir payée, on se moque éperdument du respect de l'œuvre originale. Je trouve dommage que la société prenne autant de mesures pour protéger les biens matériels et qu'elle fasse si peu d'efforts pour condamner les gens qui bafouent sans vergogne les droits moraux des artistes. Mais après tout, cela est normal car le respect du droit moral ne rapporte rien : ce n'est qu'une vue de l'esprit !

LA POSITION AMBIGUË DES FAI

Pris entre leurs discours publicitaires et la nécessité de faire respecter le droit d'auteur, les FAI ont bien souvent joué une drôle de partition. En effet, une bonne partie de leur argumentaire sur le haut débit a longtemps vanté les mérites du téléchargement de musique. Sur le site Web d'un FAI créé en 1996, il était, par exemple, mentionné : « Vous téléchargez en un clin d'œil vos musiques préférées en qualité CD et votre PC devient un vrai juke-box ». Un des FAI qui avait dû se résoudre à envoyer des lettres comminatoires à ses abonnés ne respectant pas le droit d'auteur mentionnait bien en tous petits caractères sur son site Web que son service « doit être utilisé dans le respect du droit de la propriété intellectuelle » ce qui ne l'empêchait pas dans ses spots publicitaires à la télé de montrer une ado qui trouvait toute la musique qu'elle aimait.

Même si le marketing a dû évoluer sous la pression des pouvoirs publics et des sociétés représentant les auteurs, il n'en reste pas moins que les FAI sont souvent pris en faute. Encore récemment, Canal+ a dû rappeler à l'ordre le fournisseur d'accès à Internet Free parce que la chaîne cryptée s'était aperçue que les films qu'elle diffusait se retrouvaient sur le service de télé perso de Free, MaTVperso. En effet, des abonnés à Canal+ captaient les films diffusés, les compressaient et les mettaient à la disposition des autres abonnés de Free sur un canal spécial. Créer sa télé perso à l'aide des créations d'autrui, voici un très bon exemple de mutualisation, mais Canal+ a trouvé à redire à ce bel élan de solidarité et marque désormais les films diffusés à l'aide d'une empreinte numérique, grâce à une technologie de watermarking[1].

Free, encore lui (à croire que la liberté ne s'arrête pas toujours là où commence celle d'autrui), a été obligé en septembre 2007 de couper l'accès à différents newsgroups (dvd.french, movies.divx.french, series.tv.divx.french...) qui permettaient le téléchargement de films piratés. Dans un article de 01Net[2], un freenaute cité indiquait bien que la disponibilité de ces groupes de discussions où il pouvait trouver tous les films et toutes les séries qu'il voulait était la principale motivation de son abonnement à ce FAI.

Pour enfoncer le clou, la Société civile des producteurs de phonogrammes en France (SPPF) dénonce, dans un communiqué en date du 2 octobre 2007[3], l'offre de Free qui propose un service d'hébergement en ligne permettant l'échange de fichiers volumineux[4]. La SPPF déclare que cet outil « va indéniablement donner un nouvel essor à la contrefaçon numérique dans un contexte où le marché du physique continue de chuter inexorablement. Cette annonce est une pure provocation alors même que des discussions se tiennent actuellement dans le cadre de la mission confiée par le Gouvernement à Denis Olivennes pour proposer, à bref délai, des mesures efficaces destinées à lutter contre la contrefaçon numérique et assurer le développement des offres légales. »

Si le communiqué de la SPPF vise la société Free, il faut néanmoins signaler que d'autres FAI (notamment Neuf Cegetel avec son service

1. Le watermarking consiste à insérer dans un support (CD ou DVD par exemple) une marque invisible pour l'utilisateur, mais détectable par un matériel ou un logiciel. http://www-rocq.inria.fr/codes/Watermarking/
2. www.01net.com/editorial/358640/free-ferme-14-newsgroups-utilises-pour-le-piratage-de-films/
3. www.sppf.com/telecharger/communique_de_presse_free_021007.pdf
4. http://www.dl.free.fr/

Neuf Giga) ou d'autres prestataires de services (Foreversafe, Megaupload, Box.net...) proposent des systèmes équivalents qui autorisent tous la mise en ligne et le partage de très gros fichiers. Dans les faits, on trouve, par exemple sur Megaupload, une très grande quantité de films et de séries dont l'origine ne paraît pas être absolument légale. De manière assez paradoxale, la plupart de ces offres sont payantes et visiblement on trouve des clients prêts à payer pour pirater...

Pourtant, à la fin de l'année 2007, certains FAI se sont lancés dans des opérations de téléchargement légal et gratuit de musique. Ainsi, Neuf Telecom a signé un accord avec Universal Music qui permet à ses abonnés de télécharger de la musique produite par cette maison de disques. Même si l'offre se limite à une seule partie du catalogue (l'internaute doit choisir son style de musique) d'un seul éditeur et si l'écoute des morceaux de musique est limitée dans le temps (grâce à l'utilisation de DRM[1]), Neuf Telecom a ouvert la voie vers une régularisation du téléchargement de la musique sur Internet et les autres FAI (Orange, Alice et Free) ont annoncé l'imminence d'offres similaires. Il est encore trop tôt pour tirer un bilan de ces opérations commerciales, mais on ne voit pas très bien comment les accros du P2P pourraient être attirés par ces propositions en raison de l'étroitesse du catalogue et des restrictions techniques (l'amateur de P2P n'aime pas les DRM). C'est la raison pour laquelle la mission Olivennes a incité les fournisseurs d'accès à Internet à également proposer des solutions techniques pour lutter contre le piratage[2].

LES RÉSULTATS DE LA MISSION OLIVENNES

Au début du mois de septembre 2007, Denis Olivennes, PDG de la FNAC, s'est vu confier par le Gouvernement une mission sur la lutte contre le téléchargement illicite et le développement des offres légales d'œuvres musicales, audiovisuelles et cinématographiques[3]. Christine Albanel, ministre de la Culture et de la Communication, précisait en ces termes la mission de Monsieur Olivennes :

1. DRM est l'acronyme de *Digital Rights Management* (gestion des droits numériques, que l'on nomme aussi parfois mesures techniques de protection). Les DRM sont un dispositif technique de protection qui empêche la copie des œuvres.
2. www.01net.com/editorial/360819/les-fournisseurs-d-acces-favorables-aux-radars-anti-pirates
3. www.culture.gouv.fr/culture/actualites/dossiers-presse/copie-privee/index.html

« Le président de la République a régulièrement affirmé la nécessité de développer toutes « *les formes de diffusion légale* » des œuvres — audiovisuelles, cinématographiques, littéraires ou musicales, voire vidéoludiques — sur les réseaux numériques... Naturellement, l'essor de l'offre légale implique que le Gouvernement assume les responsabilités qui sont les siennes pour garantir les droits qui protègent la juste rémunération des auteurs et des investisseurs. Cette politique sera conduite de façon résolue. Elle mobilisera les différents services de l'État compétents pour mener les actions de prévention indispensables, de même que la lutte contre le téléchargement illicite des œuvres. »

Composée de six membres, la commission a rendu à la fin du mois de novembre un rapport d'une quarantaine de pages intitulé « Le développement et la protection des œuvres culturelles sur les nouveaux réseaux ».[1] À la fin de ce rapport, la commission établit une série de recommandations dont nous listons ici les principales :

- Ramener la fenêtre VOD de 7 mois et demi après la sortie en salle à 4 mois.
- Aussi longtemps que les mesures techniques de protection (DRM) font obstacle à l'interopérabilité, abandonner ces mesures sur tous les catalogues de musique.
- Généraliser le taux de TVA réduit à tous les produits et services culturels, cette baisse étant intégralement répercutée dans le prix public.
- Expérimenter les techniques de filtrage des fichiers pirates en tête des réseaux par les fournisseurs d'accès à internet et les généraliser si elles se révèlent efficaces.
- Mettre en place soit une politique ciblée de poursuites, soit un mécanisme d'avertissement et de sanction allant jusqu'à la suspension et la résiliation du contrat d'abonnement, ce mécanisme s'appliquant à tous les fournisseurs d'accès à Internet.

À la suite de la publication de ce rapport, un accord[2] interprofessionnel entre les industriels de la culture, les FAI et le gouvernement a été signé à l'Élysée afin d'entériner certaines mesures proposées par la mission Olivennes. Dans cet accord tripartite, les FAI s'engagent notamment « à envoyer, dans le cadre du mécanisme d'avertissement

1. http://elysee.fr/download/?mode=press&filename=rapport-missionOlivennes-23novembre2007.pdf
2. http://www.culture.gouv.fr/culture/actualites/conferen/albanel/accordolivennes.htm

et de sanction et sous le timbre de l'autorité, les messages d'avertissement et à mettre en œuvre les décisions de sanction ».

À LA RECHERCHE D'UN ÉQUILIBRE DÉLICAT

Si l'on ajoute à cela le vote de la loi n° 2007-1544 du 29 octobre 2007 de lutte contre la contrefaçon, le fait que la CNIL a autorisé la collecte d'adresses IP afin de faciliter la lutte contre le piratage[1], on voit très nettement que l'étau se resserre autour des pirates. Face à ces attaques généralisées contre le droit d'auteur, il était somme toute assez normal que les acteurs du secteur souhaitent se défendre en intentant des procès contre les téléchargeurs ou bien en protégeant leurs œuvres à coups de DRM. Nous sommes bien d'accord pour prétendre que les DRM nuisent gravement à l'interopérabilité, mais il faut être hypocrite pour ne pas les considérer comme de la légitime défense. D'une manière générale, les internautes n'aiment d'ailleurs pas bien entendre les faits véritables concernant le téléchargement illégal de la musique ; c'est la raison pour laquelle les dix vérités premières sur le piratage de la musique[2] énoncées par l'IFPI (*International Federation of the Phonographic Industries*) ne trouvent pas grâce à leurs yeux.

Mais la lutte contre les logiciels de P2P ne doit pas faire oublier qu'il existe aujourd'hui bien d'autres moyens techniques pour pirater à tout va ; nous avons déjà vu que les newsgroups pouvaient aussi abriter des œuvres protégées par le droit d'auteur, mais certains services, moyennant finance, proposent également de télécharger en toute illégalité des chansons, des films et des séries. La lutte contre le piratage paraît ne jamais devoir s'arrêter et on trouvera sans doute toujours des internautes pour qui le respect dû à l'auteur n'est qu'une chimère. Pour les autres, il faut éduquer sans relâche et apprendre à honorer les gens qui ont du talent et souhaitent en vivre. De leur côté, les artistes ne doivent pas s'arcbouter sur des positions extrémistes et vouloir verrouiller à tout prix le droit d'auteur. Si je me montre particulièrement intransigeant sur le respect du droit moral, cela ne m'empêche pas de diffuser en licence Creative Commons[3] une bonne partie des productions pédagogiques que je réalise dans mes fonctions d'enseignant car je considère que les productions créées sur des fonds publics doivent

1. http://www.01net.com/editorial/365563/la-sacem-autorisee-a-relever-les-adresses-ip-des-pirates-du-net/
2. http://www.ifpi.org/content/section_news/20070531.html
3. http://creativecommons.org/

être librement accessibles. Mais c'est à l'auteur seul de décider ce qu'il entend faire de son œuvre, le public décidant, quant à lui, de lui accorder ou non ses faveurs…

3

Information ou manipulation ?

Quand j'étais plus jeune, un slogan publicitaire clamait :« Si c'est vrai, c'est dans le *Progrès*[1] ! ». Il semblerait que cette formule ait été remise au goût du jour car, pour les jeunes générations, il n'y a point de vérité hors l'Internet. Tout ce qui se trouve sur la Toile ou arrive par le câble du réseau devient parole d'évangile et fait aujourd'hui office de référence. Chacun sait pourtant qu'il circule sur Internet de nombreuses rumeurs et de fausses informations qui font notamment les choux gras de sites comme Hoaxbuster[2], et que de nombreux internautes tombent dans le panneau. L'affaire peut parfois prendre un tour dramatique et le récent exemple de condamnations dans les affaires dites de scams africains[3] (*scam* signifie arnaque en anglais) a prouvé que certaines victimes s'étaient fait voler près de 50 000 euros. Ce genre d'escroquerie n'est bien entendu pas spécifique au courrier électronique et un autre moyen de communication aurait pu être employé, mais on a quand même la très nette impression que la révolution Internet a amoindri l'esprit critique de bon nombre de nos contemporains.

1. *Le Progrès de Lyon* est le quotidien de la région lyonnaise.
2. www.hoaxbuster.com
3. www.01net.com/editorial/359992/premieres-condamnations-en-france-pour-une-arnaque-nigeriane-/

La possibilité pour tout un chacun de publier quasiment gratuitement des informations sur la Toile autorise une liberté d'expression qui n'a jamais été égalée jusque-là. Aujourd'hui, en quelques minutes, je peux mettre en ligne du texte, des images ou des vidéos qui deviennent accessibles virtuellement à des millions d'internautes. Cette immédiateté nous amène à repenser les mécanismes de validation de l'information que les éditeurs de contenus ont mis plusieurs siècles à forger.

La mode des outils collaboratifs en ligne a fait émerger de nouveaux services dont l'encyclopédie Wikipédia est emblématique. Son véritable succès populaire pose cependant des problèmes à tous ceux qui s'occupent de l'organisation du savoir et à tous les pédagogues qui sont chargés de former l'esprit des jeunes générations. À ce sujet, commençons par une anecdote que je trouve significative d'un état d'esprit qui règne aujourd'hui chez certains étudiants. Il n'est en effet pas rare de rencontrer des étudiants qui contestent une mauvaise note parce qu'un prof a sanctionné une sottise que les imprudents ont trouvée sur un site Web et recopiée sans réfléchir. Le discours argumentatif de l'étudiant pris en faute est toujours le même ; ainsi, un collègue angliciste ayant jugé la syntaxe de la copie d'un de ses étudiants plutôt déficiente entendra comme justification : « Je vous assure que cette expression existe car je l'ai trouvée sur Internet ! ». L'autorité de l'enseignant se trouve finalement contestée car certains arrivent à penser que c'est l'usage en vigueur sur les sites Web qui crée la norme linguistique.

Il m'arrive parfois de jouer avec des moteurs de recherche car ces outils sont de puissants auxiliaires pour tous ceux qui étudient les langues ; j'aime ainsi mesurer la popularité d'une expression par rapport à une autre, mais dans ce domaine il faut absolument respecter le principe de précaution le plus élémentaire. Pour vous persuader du caractère périlleux qu'il y a à se fonder sur la valeur grammaticale de ce que l'on trouve sur Internet, procédez à l'expérience simple suivante : lancez votre navigateur et allez sur le site de Google (eh oui, malgré mes remontrances du premier chapitre, il m'arrive encore d'utiliser ce moteur de recherche pour ce genre de requêtes...). Cochez la case Pages francophones et saisissez la chaîne de caractères « conclua ». Google trouve quand même près de 10 000 références à des pages Web où se trouve ce magnifique barbarisme[1]. Car on a beau retourner son Bescherelle dans tous les sens, le passé simple du verbe *conclure* à la

1. Cette histoire me donna l'idée de lancer un concours de barbarismes qui obtint un certain succès auprès de mes lecteurs. Pour de plus amples informations sur ce concours sans obligation d'achat, voir www.cosi.fr (rubrique Barbarismes).

troisième personne du singulier reste, jusqu'à preuve du contraire, *conclut* , et rien d'autre !

Cette anecdote est pour moi révélatrice du fait qu'Internet est finalement considéré par beaucoup comme un support d'information en qui on peut avoir une totale confiance, alors que généralement tous les mécanismes qui fondent la responsabilité éditoriale en sont cruellement absents. Nous allons donc nous pencher sur les raisons qui empêchent la plupart des internautes de prendre la distance nécessaire avec les informations qu'ils reçoivent.

VITESSE ET PRÉCIPITATION

À quoi peut-on bien attribuer ce manque de prudence qui nous fait prendre des vessies pour des lanternes et qui fait taire en nous ce vieux principe cartésien du doute méthodologique ? Pourquoi accordons-nous si vite notre confiance aux informations qui nous sont délivrées par le biais d'Internet ? Une bonne partie des réflexes que nous avons acquis au cours de notre éducation s'envole dès que l'on reçoit un courriel ou bien que l'on consulte un site Web. Tous les sages préceptes enseignés par nos maîtres qui nous ont appris à exercer notre esprit critique et à remettre en cause certaines vérités officielles ne sont plus appliqués dès que l'on se connecte à Internet.

Il faut bien noter ici que cette absence de prudence dépasse largement les clivages sociaux traditionnels et cette attitude naïve face aux informations en provenance d'Internet n'est pas l'apanage des personnes qui ont le moins fréquenté l'école ; en effet, nous connaissons certains professeurs d'université dûment titrés que nous avons néanmoins pris en flagrant délit de propagation de rumeurs par courriel interposé…

Tentons de trouver quelques explications au fait que nous baissons souvent la garde dès que nous pénétrons dans le cyberespace. La première raison est la rapidité avec laquelle nous proviennent les informations. Cette rapidité, qui croît sans arrêt[1] et qui constitue toujours un argument commercial déterminant (à quand un débit de 100 mégabits pour tout le monde ?) ne fait pas bon ménage avec la mesure et la prudence dont nous devrions faire montre chaque fois que nous recevons ou produisons des informations.

1. En vingt ans, ma vitesse de connexion au réseau a été multipliée par mille !

De la même manière que les informations qui transitent sur le réseau arrivent de plus en plus vite, elles sont également de plus en plus nombreuses et on assiste notamment à un accroissement considérable du volume des courriers électroniques échangés. Des études menées dans les entreprises font d'ailleurs apparaître que l'abondance des courriels est devenue un important facteur de stress[1] car on oblige parfois les employés à y répondre le plus vite possible. Dans ces conditions, il n'est pas étonnant que de nombreuses bévues soient commises et si la vitesse est le principal danger sur la route, il en va finalement de même sur les autoroutes de l'information.

La vitesse, qui est parfois grisante sur la route, l'est également sur la Toile et constitue un puissant facteur d'attrait que Dominique Wolton[2] ne manque pas de souligner :

« Trois mots sont essentiels pour comprendre le succès des nouvelles techniques : *autonomie*, *maîtrise* et *vitesse*. Chacun peut agir, sans intermédiaire, quand il veut, sans filtre ni hiérarchie et, qui plus est, en temps réel. Je n'attends pas, j'agis et le résultat est immédiat. Cela donne un sentiment de liberté absolue, voire de puissance, dont rend bien compte l'expression « surfer sur le Net ». Ce temps réel qui bouscule les échelles habituelles du temps et de la communication est probablement essentiel comme facteur de séduction. »

Bien évidemment, ce n'est pas parce que les informations s'échangent plus vite que l'on communique mieux, ce qui reste au bout du compte l'objectif principal. Cette dictature du temps réel est devenue aujourd'hui la norme technique puisque nous sommes majoritairement connectés à Internet par le biais d'une liaison ADSL à haut débit, quand ce n'est pas grâce à un téléphone mobile. Cet apparent progrès technique, qui nous permet de naviguer sur Internet sans regarder le compteur, crée une situation de dépendance puisque nous sommes branchés tout le temps. Cette permanence de la connexion est devenue aujourd'hui un fait acquis que bien peu remettent en cause et crée des obligations à l'égard des personnes qui nous entourent (« Comment ! Tu n'as pas reçu le mail que je viens de t'envoyer ? »). A contrario, ne pas être connecté au réseau vous exclut de toute une série d'activités sociales, ce qui revient à une forme d'ostracisme.

1. On parle même aujourd'hui de stress électronique
http://www.01net.com/article/322560.html
http://www.zdnet.fr/actualites/informatique/0,39040745,39368916,00.htm
2. *Internet et après ? Une théorie critique des nouveaux médias*, Flammarion, 1999

La course à la vitesse, au très grand débit, fait aussi partie du paysage technologique qui est le nôtre. Nous allons bientôt passer de la paire de cuivre à la fibre optique, sans qu'aucun débat n'ait été engagé pour savoir quels bénéfices nous pourrions retirer de cet accroissement de la vitesse. Bien évidemment, la vidéo sera plus fluide et de nouveaux services seront proposés, mais en contrepartie de nouvelles servitudes seront créées et, de tout cela, il n'est jamais question.

Il y a dans cette volonté d'aller toujours plus vite une forme de violence que Paul Virilio a été un des premiers à théoriser. Pour lui, il est évident que la vitesse entretient des rapports avec le pouvoir. Dans *Cybermonde la politique du pire*[1], il fait de la vitesse une question centrale :

« Le pouvoir est inséparable de la richesse et la richesse est inséparable de la vitesse. Qui dit pouvoir dit, avant tout, pouvoir dromocratique – *dromos* vient du grec et « course » –, et toute société est une « société de course ». »

Alors que l'on nous incite par ailleurs à rouler moins vite, à manger lentement et à prendre le temps de vivre, cette fuite en avant qui consiste à vouloir toujours plus de mégabits apparaît comme paradoxale, à moins qu'elle ne cache un discours à peine rampant sur la performance, la flexibilité ou bien encore la réactivité, vertus cardinales d'un néolibéralisme qui s'affiche et s'affirme aujourd'hui haut et fort.

En tous les cas, la vitesse de transmission des informations nous incite à réagir avec célérité quand nous recevons un courriel, si bien que nous sommes prompts à écrire des bêtises et à en propager. Malheureusement, avec le courrier électronique, une fois qu'il est parti, il est trop tard et nous n'avons plus ce temps de latence qui sépare le moment où nous cachetons l'enveloppe et où nous la portons dans une boîte aux lettres.

QUE D'HOAX, QUE D'HOAX !

Avant l'essor du Web, le courrier électronique a été la première application pratique d'Internet et, encore aujourd'hui, bon nombre de personnes n'utilisent Internet que pour envoyer ou recevoir des courriels. C'est donc assez logiquement que le mail a été utilisé massivement comme outil d'information ou, dans certains cas, de

1. *Cybermonde la politique du pire*, Textuel, 1996

désinformation. Comme la transmission d'un courrier électronique ne coûte rien, certains ont une fâcheuse tendance à inonder la boîte aux lettres de leurs correspondants de toutes les informations qui leur passent entre les mains : blagues, photos insolites ou coquines, vidéos, pétitions, appels à boycotter, publicités... Parmi tous ces messages, les plus intéressants à étudier sont les *hoaxes*. Le terme anglais *hoax*, qui signifie « canular », désigne en matière d'Internet une information sciemment erronée que son auteur essaye de faire gober au plus grand nombre de personnes. Si le canular de potaches ou le pastiche de hoax peuvent être drôles, la plupart des hoaxes démontrent malheureusement que certaines personnes sont prêtes à avaler n'importe quoi pourvu que cela soit transmis par courrier électronique. On assiste aujourd'hui à certains hoaxes qui sont visiblement destinés à récupérer des adresses électroniques ou bien à nuire à certaines marques ou à certains produits. Passons en revue les hoaxes les plus courants.

Les pseudo-virus

Leur mécanisme est des plus simples, mais leur efficacité est redoutable. Vous recevez un courrier qui vous dit à peu de choses près ceci : « Si vous recevez l'e-mail intitulé X, ne l'ouvrez pas car un grand malheur informatique va s'abattre sur vous. Cette information a été validée par les plus grandes autorités Y et Z. Il n'y a pas, à ce jour, de parade contre ce nouveau virus. Faites suivre ce courrier à toutes vos relations. » Et voilà comment on encombre les serveurs de messagerie du monde entier. Souvent, l'internaute qui reçoit cette information se sent tout à coup investi d'une mission de sauveur de la planète informatique et s'empresse de diffuser à tout son carnet d'adresses la précieuse mise en garde. Parmi ceux qui recevront cette « information », un bon nombre suivra à la lettre la recommandation de transférer ce courrier, assurant une progression exponentielle du hoax. Un minimum de connaissances en informatique, un peu d'esprit critique ou bien encore la lecture de la RFC 1855[1] auraient permis d'éviter cela. Tout ce que l'on reçoit par courrier électronique n'est donc pas parole d'évangile ; ce constat est sans doute amer pour tous ceux qui croient que le courrier électronique va sauver le monde, mais il va falloir s'y faire. Il faut également noter qu'un des effets pervers des hoaxes sur les pseudo-virus est que tout discours préventif sur la dangerosité d'un nouveau virus qui vient réellement d'apparaître devient tout de suite éminemment

1. Plus connue sous le nom de nétiquette, la RFC 1855 (http://www.ietf.org/rfc/rfc1855.txt) précise bien qu'il ne faut jamais envoyer de chaînes par courrier électronique.

suspect. Pourtant les vrais virus existent et certains peuvent faire de gros dégâts, mais à force de crier au loup, les messages sur la sécurité informatique sont brouillés et manquent de crédibilité.

Les fausses opérations humanitaires

Un jour, j'ai reçu un courriel qui, après de multiples pérégrinations, m'annonçait que je pouvais sauver la vie d'un enfant atteint d'une malformation cardiaque. Ce courrier était signé d'un professeur de médecine bordelais qui existe vraiment. Mon cœur de père a longtemps hésité avant d'envoyer ce courrier à la corbeille et de répondre un e-mail vengeur à celui qui me l'avait envoyé. Et si c'était vrai ? Et si un simple courrier électronique pouvait sauver la vie d'un enfant ? Pourtant, en ayant un peu vécu, il paraît vraiment difficile d'imaginer que quelques clics de souris peuvent sauver une vie humaine. D'autre part, une lecture un tant soit peu attentive du courrier aurait dû permettre de déceler une grosse farce de mauvais goût. En fait, ce hoax était la traduction d'un canular d'origine américaine ; son auteur a vu juste : invoquer une cause humanitaire fait taire les réflexes de prudence les plus élémentaires. Mais l'on ne fait pas plus de bonne littérature que de bons courriels avec de bons sentiments.

Dans la même veine, on trouve un hoax sur les femmes afghanes ; l'auteur de ce canular particulièrement cynique évoque un véritable problème humanitaire, mais indique une adresse électronique qui n'existe pas. À la réflexion, il semble que l'engagement pour une cause humanitaire demande un tout petit peu plus d'efforts que la manifestation de sa compassion par le transfert d'un simple courrier électronique.

La prévention des catastrophes surnaturelles

Une autre fois, arrive par la messagerie interne de mon université un courrier dont le titre était « Alerte virus et fraude au portable ». Ce message pour le moins étonnant était bien évidemment urgent et devait être diffusé à tous les utilisateurs de téléphone mobile. On y apprenait notamment que des escrocs avaient trouvé un système pour utiliser frauduleusement nos portables. J'ai alors pris mon plus beau clavier pour demander à l'auteur de ce courriel : « Mais que fait la police ? ». Il s'est ensuivi un dialogue assez surréaliste où l'on m'a rétorqué que cette information était très sérieuse (évidemment, elle venait du ministère de l'Intérieur), qu'il était important de la porter à la connaissance du plus grand nombre, et que finalement chacun en faisait ce qu'il en voulait. Malheureusement, quand j'ai produit les preuves qu'il s'agissait à l'évidence de désinformation, mon interlocuteur n'a jamais voulu publier un démenti. Ce message a été envoyé à plus d'un millier de personnes et je n'ai pas poussé plus loin l'étude pour savoir combien l'avaient retransmis, mais on peut imaginer que nombre d'entre eux n'ont pas manqué d'avertir leurs amis…

Ces rumeurs sur le téléphone portable sont récurrentes et, comme par hasard, le numéro indiqué dans un de ces messages qui circulent sur Internet correspond au numéro de téléphone de l'assistance technique d'un opérateur de télécommunication. Cela n'est donc pas vraiment innocent et la crédulité de celui qui transmet le message pourrait faire sourire s'il ne participait pas en fait inconsciemment à une campagne de désinformation.

Pour éviter de transférer un hoax et de vous faire ainsi montrer du doigt, la meilleure attitude est encore de faire preuve d'esprit critique car il n'est pas interdit de penser qu'une information reçue par Internet est a priori fausse. Douter n'est pas le signe d'une paranoïa aiguë, mais plutôt la preuve d'une bonne santé intellectuelle.

Dans un deuxième temps, il est conseillé de vérifier la validité de l'information. J'ai déjà cité en la matière l'excellent site *www.hoaxbuster.com* qui diffuse également une lettre mensuelle. Les éditeurs de logiciels antivirus consacrent aussi des pages sur le sujet et tiennent à jour une liste des pseudo-virus.

Relisez enfin la nétiquette : les principes qui y figurent vous rappelleront les règles les plus élémentaires du bon sens. Tout courrier qui se termine par une formule d'incitation à la propagation sent le hoax à plein nez.

On pourra me rétorquer que tout cela n'est pas bien grave et que cela fait partie du folklore Internet. De plus, comme le ridicule ne tue plus, il n'y a pas vraiment de mal à encombrer les serveurs de messagerie avec des messages sans intérêt. Le dernier exemple que je prendrai montre cependant que la transmission d'un hoax peut avoir quelques conséquences sur la vie privée.

La variante lyonnaise de Penny Brown

Au début du mois de février 2002, je reçois le courriel suivant :

> Objet : TR: Faire suivre, merci (photo d'1 fillette disparue)

>S'IL VOUS PLAIT REGARDEZ LA PHOTO CI-JOINTE ET TRANSMETTEZ CE

>COURRIER A TOUTES VOS CONNAISSANCES :

> Ma fille de 9 ans, Penny Brown, a disparu depuis maintenant deux

> semaines. Il n'est pas trop tard, s'il vous plait, aidez-nous. Si

> jamais quelqu'un sait quelque chose ou voit quelque chose,

> contactez-moi à l'adresse suivante. Je joins une photo d'elle.

> Toutes les prières et toutes les aides sont appreciées!! ça prend

> seulement 2 secondes pour envoyer ce courrier, pensez que si

> c'etait votre enfant vous aimeriez avoir toute l'aide possible

> vous aussi.S'il vous plait, merci pour votre gentillesse, en

> esperant que vous puissiez nous aider.

> >> Ève[1]

> >> 813, rue Xxxxxxxxxx

> >> 69000 Lyon

> >> 04 XX XX XX XX

Alice

Alice, jeune étudiante d'une université lyonnaise a été attendrie par cette missive larmoyante ; elle n'a pas cru bon d'aller voir sur le site de Hoaxbuster[2] et ne sait donc pas qu'il s'agit d'un canular ; n'écoutant que son cœur (qui lui disait beaucoup), elle retransmet ce courrier, grâce à la messagerie que l'université met à sa disposition, à 1 782 destinataires, d'un seul coup. Dès réception, je flaire le canular, mais une chose me tourmente : les coordonnées d'Ève qui, de prime abord, apparaît comme étant la mère de Penny Brown, font référence à une adresse et un numéro de téléphone lyonnais alors que le canular référencé sur le site de Hoaxbuster ne mentionne pas d'adresse postale, mais uniquement une adresse électronique et un numéro de téléphone à l'étranger. J'effectue une recherche sur le patronyme d'Ève, mais je ne trouve qu'une seule réponse avec un autre prénom et une autre adresse.

Pour en avoir le cœur net, je saisis mon téléphone et compose le numéro d'Ève ; une voix féminine me répond que ce numéro n'est plus attribué. J'en conclus qu'Ève a changé de numéro et j'échafaude une théorie : Ève a été victime de la malveillance et l'on a modifié le canular original en inscrivant ses coordonnées ; cette dernière, submergée

1. Afin de préserver la vie privée des protagonistes, tous les noms utilisés sont fictifs.
2. http://www.hoaxbuster.com/hoaxliste/hoax.php?idArticle=287

par les appels, a été obligée de changer de numéro de téléphone. Pour tirer cette histoire au clair, j'appelle l'homonyme d'Ève puis ses voisins qui ne savent rien et se plaignent d'être eux-mêmes souvent dérangés par les gens qui veulent aider Ève à retrouver sa fille. Voyant que je tourne en rond, je me décide finalement à me rendre au domicile d'Ève qui me reçoit dans sa cuisine et m'explique toute son histoire. Elle a reçu le canular et, voulant faire acte de solidarité, elle a transféré ce courriel à d'autres personnes.

Il y a cependant un problème : Ève dispose d'un fichier de signature qui est un petit texte qui vient se greffer à la suite de tous les courriers électroniques qu'elle envoie ; on y inscrit en général son nom, sa fonction et éventuellement ses coordonnées. Dans le fichier de signature d'Ève figurent son prénom, son nom, son adresse postale et son numéro de téléphone. Ainsi, en transférant ce canular, elle a inséré au bas du message ses propres coordonnées, ce qui a pour conséquence que tous les lecteurs du courrier pensent désormais qu'elle est la mère de Penny Brown. Une lecture attentive du courrier électronique permet pourtant de détecter cela (le nombre différent de caractères > dans la signature indiquant un autre émetteur), mais bien peu de personnes savent faire ce subtil distinguo. Cette nouvelle version du canular circule vite et comme de nombreuses personnes se sentent concernées par cette histoire, Ève croule rapidement sous les appels téléphoniques et doit changer de numéro de téléphone. Les moralistes estimeront qu'il y a là une justice immanente…

LE MARKETING VIRAL

Les publicitaires ont bien vite compris tout le bénéfice qu'ils pouvaient tirer d'un canal comme le courrier électronique : c'est beaucoup moins cher que la diffusion d'un spot de 30 secondes après le journal de 20 heures et, de plus, c'est l'internaute lui-même qui se charge de la propagation du message commercial. Ainsi est né le concept de marketing viral[1] ! En général, une société produit un film publicitaire décalé et humoristique puis l'envoie par courrier électronique à de nombreux internautes en espérant qu'ils le transmettent à un maximum de personnes qui, à leur tour, joueront le rôle de messager. La métaphore du virus est bien trouvée car le discours commercial peut ainsi se répandre comme une véritable pandémie. Le marketing viral peut toucher tous les produits, qu'il s'agisse d'une marque de bière, de

1. www.journaldunet.com/dossiers/mkgviral/index.shtml

bonbons, de films[1], ou bien encore de lingerie féminine (par le biais d'un économiseur d'écran pédagogique qui nous égrène ses leçons...). Le *buzz* (terme anglais signifiant bourdonnement) est le maître mot de toutes les personnes branchées ayant un message à faire passer et Internet est bien entendu un vecteur de choix pour ces spécialistes des coups marketing. Certains sont prêts à tout pour que l'on parle de leur produit et le buzz est là pour entretenir l'agitation médiatique.

Le phénomène des faux blogs publicitaires est encore plus pernicieux : certaines agences de publicité, pour le compte de leurs clients, créent des blogs où des produits sont vantés par de soi-disant internautes qui tiennent leur journal intime. De grandes marques (Sony notamment) se sont fait prendre la main dans le sac et ont dû avouer leur imposture.

Cela illustre parfaitement le triste constat que l'information est parfois une manipulation. Internet se prête malheureusement trop souvent à ce genre de distorsion de la vérité. Nous avons déjà indiqué que la vitesse était un facteur important d'atténuation de la vigilance, mais dans le cas du marketing viral, le fait que ce soit une connaissance qui vous transmette une information lui accorde *ipso facto* une certaine crédibilité. Quand un message publicitaire nous parvient par un canal classique (télévision, radio, presse écrite, affichage), nous savons à quoi nous attendre et notre éducation nous encourage à prendre du recul par rapport au discours commercial. Le simple fait que l'information soit transmise sur un autre support et par quelqu'un qui nous est proche va non seulement nous inciter à regarder avec bienveillance la publicité, mais aussi à la retransmettre. Les publicitaires sont, dans ce cas de figure, gagnants sur tous les tableaux.

Il y a d'autre part sur Internet une certaine opacité qui nous empêche bien souvent d'identifier précisément l'origine exacte du message, l'anonymat y étant souvent la règle de base. Dans le cas des faux blogs publicitaires, tout le monde n'a pas le temps ni les compétences pour aller regarder qui est derrière tout cela. C'est pourtant bien en allant voir qui avait déposé le nom de domaine de certains sites Internet où étaient hébergés ces blogs que des publicitaires imprudents ont été démasqués.

1. www.hoaxbuster.com/interviews/detail.php?idInterview=59877

VERS UN NOUVEAU MODÈLE DE LA VALIDATION DE L'INFORMATION ?

Le modèle classique de la validation de l'information est constitué d'une série de filtres qui sont censés être des garde-fous contre la malhonnêteté intellectuelle et les erreurs éditoriales. Quelle que soit l'instance de publication (presse, édition, revues scientifiques), il y a toujours des personnes chargées en amont, avant la publication, de vérifier la validité de l'information. Ce modèle de validation de l'information n'est pas exempt de tout reproche et il lui arrive parfois d'être inopérant, mais il a le mérite d'avoir résisté au temps et d'avoir généré d'authentiques chefs-d'œuvre.

Certaines personnes prônent aujourd'hui un renversement de ce modèle pour la publication des informations sur Internet et proposent un modèle de validation *a posteriori*. C'est notamment le cas de Gautier Poupeau[1] qui expose sa conception dans un article[2] publié dans le *Bulletin des Bibliothèques de France* :

« De nombreux problèmes de diffamation ont abouti l'an dernier à l'expulsion de jeunes blogueurs de leur établissement scolaire. Pourtant, il ne faudrait pas prendre prétexte de ces exemples pour rejeter complètement le nouveau modèle offert par les blogs et les wikis. En effet, ils ne remettent pas en cause l'existence de la validation *a priori*, mais proposent plutôt un modèle alternatif basé sur une validation *a posteriori*. Dans ce contexte, elle est effectuée par l'utilisateur qui doit pour cela utiliser les moyens à sa disposition. »

Les adeptes de cette approche[3] prétendent ainsi que sur les blogs, les commentaires peuvent aider le lecteur à se faire une opinion et sur les wikis, c'est la communauté qui, par un phénomène d'autorégulation, est chargée de veiller à la validité de l'information.

Après tout, on peut effectivement inverser la tendance et déclarer que les filtres ne jouent plus en amont, mais en aval : chacun publie ce que bon lui semble et c'est au lecteur (auditeur, ou spectateur) de faire le tri. Ce système a le mérite d'autoriser la publication des auteurs qui ne passeraient pas le filtre des comités de lecture qui peuvent parfois

1. www.lespetitescases.net
2. Blogs et wikis : Quand le web s'approprie la société de l'information, *BBF*, 2006, n° 3 (http://bbf.enssib.fr)
3. Le lecteur intéressé par cette question trouvera à l'adresse suivante le compte rendu d'une journée d'étude des URFIST sur l'évaluation et la validation de l'information sur Internet : http://urfistreseau.wordpress.com/theme-i/

être trop sélectifs ou bien trop complaisants à l'égard des phénomènes de mode. Pour résumer, on peut dire que l'absence de censure est un facteur de biodiversité culturelle.

Cependant, ce nouveau mode de validation *a posteriori* comporte à mes yeux plusieurs défauts rédhibitoires qui minorent largement l'intérêt que procurent les nouvelles technologies en la matière.

Il faut d'abord commencer par remarquer que c'est uniquement le changement de support physique de l'information qui modifie notre perspective. C'est en raison de la quasi gratuité de la publication de l'information numérique que nous sommes amenés à revoir nos modèles ; s'il n'était pas aussi facile pour tout un chacun de publier aujourd'hui n'importe quelle information, nous ne serions pas en train de disserter sur les problèmes de validation des contenus. J'insiste sur ce point-là car il me semble important ; en effet, une grande partie des personnes qui ont désormais accès aux nouveaux modes de diffusion de l'information ne doivent leur statut d'auteur qu'à un progrès technologique et non à un quelconque génie créatif. Loin de moi l'idée d'instaurer un permis d'écrire, mais il me semble que l'effervescence numérique actuelle relève plus de la conjoncture technique que d'une vaste lame de fond esthétique qui transformerait chaque internaute en auteur.

Cette abondance de l'offre est synonyme de diversité, comme nous l'avons déjà signalé, mais elle finit par poser problème car nous sommes submergés par les informations qui nous arrivent de toutes parts. C'est la fameuse maxime, « trop d'information tue l'information », qui comporte néanmoins une certaine part de vérité car avec l'explosion informationnelle nous frôlons la surcharge cognitive à tout moment. Et comme nous l'avons vu, il ne faut pas compter sur les moteurs de recherche pour effectuer un tri qualitatif. L'internaute se retrouve donc face à une offre pléthorique qu'il n'arrive pas toujours à hiérarchiser.

Au final, seule la conscience pourra faire le tri et mettre en perspective les différentes informations dont l'internaute est destinataire. L'esprit critique sera le dernier rempart et fera office de juge de paix pour décider de la validité d'une information. Ce mécanisme cognitif de base est également présent dans l'édition classique puisque ce n'est pas parce que des filtres ont joué leur rôle en amont que le lecteur perd totalement son libre arbitre. Mais dans ce nouveau mécanisme de validation *a posteriori*, le doute fonctionne à plein régime et l'internaute doit rester constamment sur ses gardes. Outre le fait que cette situation psychologique n'est guère confortable car elle ne tolère aucun repos, elle suppose également que le destinataire du message ait été formé à exercer son esprit critique. Il n'est malheureusement pas vraiment certain que l'école enseigne aujourd'hui correctement aux futurs citoyens internautes à mettre en doute et à juger de la pertinence d'une information. D'autre part, toute entreprise de remise en question ne doit pas tomber dans une régression à l'infini qui ferait que l'on doute de tout en permanence. Il faut bien s'arrêter un moment et définir ce que Descartes appelle les *premiers principes*, vérités universelles qui sont incontestables. Or, on a souvent l'impression que l'on n'arrive pas à trouver ces premiers principes quand on surfe sur le Net et que toute édification des fondations échoue car on construit sur du sable. Pour illustrer notre propos, nous allons prendre l'exemple emblématique de Wikipédia.

WIKIPÉDIA

Partager ses connaissances de manière bénévole est une activité très enrichissante intellectuellement et c'est d'ailleurs ce qui m'a poussé à participer à cette aventure pédagogique qu'est l'Université populaire.

Wikipédia[1], qu'il est aujourd'hui inutile de présenter, possède également ce caractère sympathique de communication gratuite du savoir et, de prime abord, on ne peut être que séduit par l'idée d'une encyclopédie collaborative où chacun pourrait apporter sa pierre à l'édification de la connaissance. Derrière cette belle utopie se cachent néanmoins quelques cruelles désillusions qui fragilisent dangereusement l'ensemble de l'entreprise, au point que l'on serait presque tenté de la renier totalement. À l'heure où j'écris ces lignes se tient le colloque Wikipédia 2007[2] dont les organisateurs eux-mêmes semblent reconnaître les limites du projet :

« Ce colloque est né de l'envie d'améliorer la qualité de l'encyclopédie et sa fiabilité en abordant de front les nombreux obstacles qui se posent pour y arriver. »

Les objectifs du colloque d'octobre 2007 sont d'ailleurs clairement énoncés et le moins que l'on puisse dire est que Wikipédia ne se voile pas la face et ne pratique pas la politique de l'autruche :

« Ce colloque vise à explorer des problématiques concrètes : comment attirer les spécialistes garants de la qualité de nombreux articles ? Comment sensibiliser les utilisateurs, notamment les plus jeunes, à contrôler la fiabilité de ses informations ? Comment solliciter et

1. http://fr.wikipedia.org/wiki/Accueil
2. http://colloque.wikimedia.fr/2007/

s'appuyer sur un réseau d'experts ? Ouvert à tous, le colloque souhaite accueillir des scientifiques, des enseignants, des experts comme des contributeurs motivés par le projet. »

Par différenciation négative, on aura donc compris que Wikipédia manque de spécialistes, d'experts, de scientifiques et d'enseignants. Malgré cet aveu de pénurie de matière grise, Wikipédia s'est pourtant hissé en 2007 dans la liste des dix sites français les plus consultés[1] (le premier de la liste étant bien entendu Google). Il est d'ailleurs assez troublant de constater que sur de nombreux sujets, ce sont des références à Wikipédia qui arrivent sur la première page des résultats de recherche dans Google. Cette symbiose mériterait d'être décortiquée en profondeur.

Wikipédia, qui est né en 2001, se définit comme un « projet d'encyclopédie librement distribuable que chacun peut améliorer » et comptabilise en 2007 près de 600 000 articles pour sa version française. Ce projet n'en est donc plus à ses débuts et il devient par conséquent difficile de prétendre que les défauts pointés par ses détracteurs sont des erreurs de jeunesse. On espère simplement que ce colloque sera l'occasion de prendre la mesure des problèmes soulevés par Wikipédia et non pas seulement une opération de marketing destinée à récupérer quelques cautions scientifiques qui ont l'air de faire cruellement défaut.

Si l'idéal de Wikipédia paraît noble, on est quand même en droit de se demander si la conception même de ce projet ne ruine pas irrémédiablement sa finalité. Nous ne reprendrons pas ici l'ensemble des critiques qui sont en général adressées à Wikipédia, mais nous nous contenterons d'insister sur deux points qui nous paraissent très discutables : le projet encyclopédique et le modèle éditorial.

Un projet encyclopédique mouvant

Comme il se doit, le projet Wikipédia est défini dans Wikipédia. Au moment où je rédige ces lignes, le projet est défini de la manière suivante[2] :

« Wikipédia est un mot-valise conçu à partir de « Wiki », un système de gestion de contenu de site Web qui permet la modification du contenu par l'intermédiaire d'un navigateur Web, et de la racine « pedia » du mot anglais *encyclopedia*, pour « encyclopédie ».

1. http://www.neteco.com/70338-france-wikipedia-top-sites-web.html
2. http://fr.wikipedia.org/wiki/Wikip%C3%A9dia

Si je prends des précautions pour citer Wikipédia, c'est en raison du fait que figure sur la page dont j'ai indiqué l'URL un bouton Modifier qui permet à tout moment de changer le contenu de cette page. Wikipédia pousse ici la logique très loin : son principe est que toute page est modifiable et dans la mesure où les principes et les règles de Wikipédia figurent dans Wikipédia, il est possible de les amender en permanence. Fait encore plus inquiétant, quand on consulte cette page (en tous les cas le 10 octobre 2007 à 23 heures 04), s'inscrivent au sommet de la page les deux mises en garde suivantes :

« Cet article provoque une controverse de neutralité. Considérez-le avec précaution. Consultez les discussions pour régler cette controverse. La pertinence de cet article est remise en cause. Considérez-le avec précaution. Discutez-en ou améliorez-le ! »

Je me permets de vous rappeler qu'il s'agit là de la page qui définit le projet Wikipédia ; on a donc une page censée définir les fondations du projet qui est modifiable à l'envi et qui provoque visiblement une controverse. Comment, sept années après le démarrage du projet, n'a-t-on pas encore réussi à fixer les bases de cette encyclopédie ? Que l'on tâtonne au début est bien compréhensible, mais il faut à un moment donné se fixer des lignes directrices et arrêter de construire sur des sables mouvants. Si la possibilité de remise en cause permanente des informations est intellectuellement stimulante, elle finit par donner le tournis. Dans le cas d'une édition classique, le processus éditorial peut être relativement long et comporter de nombreuses phases de modification, mais il a une fin. Dans Wikipédia, rien n'est jamais acquis et l'ouvrage peut être remis sans fin sur le métier.

Bien entendu, cette faculté de modification à l'infini est parfois mise à profit par des clans qui s'opposent à distance. Le duel entre Madame Royal et Monsieur Sarkozy, avant le deuxième tour des élections présidentielles, a ainsi donné lieu à une bataille homérique sur Wikipédia[1] pour savoir si l'EPR était de troisième ou de quatrième génération.

Si l'on ajoute à ces luttes partisanes (qui peuvent aussi opposer des communautés religieuses) le phénomène du vandalisme qui désigne le saccage volontaire des pages Web par des internautes que ce petit jeu de massacre amuse, on se dit que la liberté de modification se paie décidément très cher. Heureusement, les patrouilleurs de Wikipédia veillent pour remettre de l'ordre dans tout cela, mais franchement, on n'aimerait pas être à leur place car la tâche est terriblement ingrate.

1. www.liberation.fr/actualite/politiques/elections2007/251643.FR.php

Toujours sur cette même page qui explique les fondements de Wikipédia (et qui ne sera peut-être plus la même au moment où vous lirez ce texte), on nous indique une définition de l'encyclopédie à la sauce Wikipédia :

« Le projet Wikipédia vise à être encyclopédique, c'est-à-dire à refléter de manière aussi exhaustive que possible l'ensemble du savoir humain. Wikipédia n'est donc pas un dictionnaire, un forum de discussion ou un annuaire Web ; c'est d'ailleurs par une série de critères négatifs que le caractère encyclopédique d'un article est défini. Le projet est universel, en traitant tous les domaines de la connaissance, y compris la culture populaire, multilingue et gratuit dans sa version en ligne, afin de favoriser l'accès du plus grand nombre à la connaissance. »

Un peu plus loin, on apprend que Wikipédia s'inscrit dans une série de filiations culturelles dont fait partie « l'esprit des Lumières, favorable à la dissémination des connaissances, dont le modèle est l'*Encyclopédie* ou *Dictionnaire raisonné des sciences, des arts et des métiers* de Denis Diderot et Jean d'Alembert. »

Fichtre ! L'*Encyclopédie* de Diderot a donc servi de modèle à Wikipédia. Une rapide comparaison entre les deux encyclopédies montre pourtant qu'elles sont bien différentes dans leur esprit et qu'il y a encore beaucoup de chemin à parcourir pour que la seconde atteigne la qualité de la première.

Franchement, quand on prend la peine de parcourir Wikipédia pendant quelques heures, on est bien en peine de savoir quels sont les principes épistémologiques qui ont présidé à la hiérarchisation de cette masse de connaissances. C'est d'ailleurs une des principales critiques que formule le lexicographe Alain Rey qui est effaré de l'absence d'organisation du savoir dans Wikipédia.

Pour ne prendre qu'un seul exemple parmi des milliers qui illustre bien la diversité culturelle de Wikipédia, on peut constater que l'article sur la nageuse Laure Manaudou est pratiquement dix fois plus long que l'article consacré au philosophe Paul Ricœur. Il faut toutefois reconnaître que la notice sur notre meilleur espoir de médailles aux prochains jeux olympiques est extrêmement bien documentée puisque l'on y apprend que « le 29 mai 2007, Laure Manaudou, jetée à l'eau par Nicola Febbraro et Leonardo Tumiotto, deux de ses compagnons d'entraînement, est victime d'une fracture au quatrième métatarse du pied gauche ». Je me suis également laissé dire que dans la version américaine de Wikipédia, l'article[1] sur les combats au sabre laser dans la Guerre des étoiles est aussi extrêmement complet…

Une encyclopédie sans auteurs

L'aspect le plus ennuyeux de Wikipédia est finalement l'absence des auteurs. Quand une page est modifiée, la personne qui corrige le texte de la page est identifiée par un prénom et un nom, ou bien par un pseudo, ou bien encore par une adresse IP. Bien entendu, quand un prénom et un nom sont affichés, rien ne garantit qu'il s'agisse de la véritable identité de la personne qui contribue dans la mesure où aucun système d'authentification forte n'est requis. Connaître l'identité des auteurs qui ont écrit un article est donc impossible dans Wikipédia.

Mais cet anonymat, qui est souvent reproché à Wikipédia, n'est pas à mon sens le problème majeur, même si cela me rassure, quand je consulte l'article « Liberté », dans l'*Encyclopædia Universalis*, de savoir qu'il a été écrit par Paul Ricœur (nous reviendrons dans d'autres chapitres de cet ouvrage sur la question de l'anonymat sur Internet). Il me paraît en effet plus grave que le concept d'auteur soit soluble dans le système d'édition de Wikipédia. Quand on veut consulter la liste des auteurs d'un article, il suffit de regarder l'historique des modifications. Malheureusement, la plupart du temps, la liste des contributeurs est tellement étendue que les auteurs sont noyés dans la masse. Par exemple, la page consacrée à Internet a été rédigée par plus de cinq cents contributeurs et celle concernant notre beau pays par plus de 1 200 rédacteurs. Dans ces conditions, on ne peut plus parler d'œuvre collective car il devient matériellement impossible d'identifier clairement et facilement la part de création de chaque utilisateur, même si le système informatique a gardé une trace précise, à l'octet près, de chaque contribution. Cela n'empêche pas Wikipédia de proclamer que « chacun conserve bien entendu le droit d'auteur sur ses contributions ». Cette dissolution de l'auteur dans la création collective a quelque chose d'un peu inquiétant, comme si l'individualité perdait tout son sens quand elle est noyée dans la masse. Comme dans un système totalitaire, la conscience individuelle n'existe plus car elle est aliénée ; l'autre conséquence est qu'il n'y a plus de responsabilité car la responsabilité collective n'existe pas. Sans responsabilité, il n'y a pas non plus de liberté possible ; dans Wikipédia, l'article traitant de la liberté a été rédigé par près de trois cents personnes…

1. http://en.wikipedia.org/wiki/Lightsaber_combat

Une bande d'irresponsables

Cette irresponsabilité éditoriale a d'ailleurs été reconnue par un jugement du tribunal de grande instance de Paris le 29 octobre 2007. Rappelons brièvement les faits : trois personnes dont l'orientation sexuelle a été révélée dans un article de Wikipédia portent plainte pour atteinte à leur vie privée et demandent réparation. Le tribunal les a déboutés parce qu'ils n'avaient pas respecté les formes de la notification de l'infraction à Wikipédia et parce que l'encyclopédie n'est pas considérée comme un éditeur de contenus, mais comme un hébergeur, c'est-à-dire un prestataire de services qui fournit des disques durs et de la bande passante à ses usagers. Or depuis le vote de la LCEN (Loi sur la confiance dans l'économie numérique), la responsabilité des hébergeurs est extrêmement limitée et ils ne peuvent pas être jugés directement responsables des contenus hébergés sur leurs serveurs. Vous trouverez un commentaire sur cette affaire ainsi que le texte complet de l'arrêt du TGI sur le site Juriscom[1].

Cette irresponsabilité donne bien évidemment lieu à de nombreux abus et l'on ne compte plus les tentatives de manipulation, de diffamation et de distorsion de la réalité. Au mois de novembre 2007, deux élus du Languedoc-Roussillon ont également porté plainte contre Wikipédia parce qu'ils avaient été calomniés dans leur notice biographique. Des encyclopédistes bien intentionnés, sans doute guidés par l'esprit des Lumières, avaient en effet déclaré que l'un était coupable de crime sexuel et que l'autre était membre de l'église de Scientologie[2].

Un combat acharné entre partisans et détracteurs

Le moins que l'on puisse dire est que Wikipédia ne laisse pas indifférent ! On serait d'ailleurs presque tenté d'avouer que le plus intéressant dans toute cette saga est l'analyse des propos qu'échangent les pro et les anti. Le débat est souvent passionné et comme Wikipédia a l'habitude des critiques, une page Web a d'ailleurs été spécialement conçue pour répondre aux objections les plus courantes[3].

Parmi les défenseurs de Wikipédia, on trouve bien évidemment au premier rang les wikipédiens eux-mêmes dont certains n'aiment pas

1. http://www.juriscom.net/actu/visu.php?ID=981
2. http://www.vnunet.fr/fr/news/2007/11/28/wikipedia_en_butte_a_une_nouvelle_affaire_de_calomnie
3. http://fr.wikipedia.org/wiki/Wikip%C3%A9dia:R%C3%A9ponses_aux_objections_habituelles

beaucoup que l'on condamne leur outil préféré ; leur antienne favorite, qui finit par lasser à la longue, est qu'au lieu de critiquer la qualité des articles il ne faut pas hésiter à les améliorer si l'on en a les compétences. On reste un peu interloqué devant une telle argumentation qui cherche à culpabiliser ceux qui savent et qui ne veulent pas partager leurs connaissances. Tout serait finalement beaucoup plus simple si les wikipédiens apprenaient que l'on peut à la fois trouver médiocre le contenu d'un article et juger imparfait le modèle éditorial de l'encyclopédie, ce qui supprime toute velléité de participation à ce projet.

Parmi les inconditionnels de Wikipédia, on trouve des personnalités plus inattendues, comme le philosophe et académicien Michel Serres. Dans sa chronique hebdomadaire du dimanche sur France Info, Michel Serres fut le 25 février 2007 dithyrambique[1] :

« Il y a des vandales partout mais ce que je trouve d'extraordinaire dans l'organisation de Wikipédia, c'est qu'elle est auto-organisée pour lutter contre les vandales. D'une certaine manière, c'est un miracle d'auto-organisation, d'autogestion. On a l'impression qu'en matière de liberté et de vérité, l'honnêteté l'a emporté sur le vandalisme, ce qui est rare dans notre monde moderne. »

Michel Serres fait également référence à un article de la revue *Nature*[2] qui a fait couler beaucoup d'encre et qui tente de démontrer qu'il y a presque autant d'erreurs dans une encyclopédie de référence comme la Britannica que dans Wikipédia. Le principal reproche que l'on puisse faire à cet article est que l'échantillon étudié est extrêmement réduit (une quarantaine d'articles dans le domaine des sciences dures) et qu'il a été réalisé sur la version américaine de Wikipédia, ce qui ne permet pas d'en tirer des conclusions hâtives sur les autres versions nationales de l'encyclopédie. Cela n'empêche pas Michel Serres de reprendre de manière un peu péremptoire les chiffres avancés par cet article :

« Puisque c'est libre, ce n'est pas validé. On a fait des calculs là-dessus et ils sont vraiment éblouissants parce que s'il y a une encyclopédie qui est une bonne référence, c'est l'encyclopédie Britannica. On a calculé qu'il y avait 2,93 erreurs par article dans l'*Encyclopédie Britannica* tandis qu'il y avait 3,86 erreurs par article dans Wikipédia. La différence est pratiquement nulle. Alors, on se dit que la liberté, là, a donné des résultats extraordinairement bons. »

1. http://framablog.org/index.php/post/2006/10/19/wikipedia
2. Jim Giles, Internet encyclopaedias go head to head, *Nature* n° 438, 900-901 (15 décembre 2005)

À la suite de l'article paru dans *Nature*, un groupe d'étudiants de Sciences-Po Paris a même publié un essai d'une centaine de pages intitulé : *La révolution Wikipédia : Les encyclopédies vont-elles mourir ?*[1] Ces cinq étudiants en master de journalisme étaient encadrés par Pierre Assouline dont le blog, *La république des livres*, a plusieurs fois épinglé Wikipédia. Il est assez intéressant de noter que les billets traitant de cette encyclopédie[2] sur son blog déclenchent des commentaires fort nombreux (parfois plusieurs centaines) où les esprits se déchaînent. Pierre Assouline a également préfacé l'ouvrage de ses étudiants et force est de constater qu'il n'est pas vraiment tendre avec l'encyclopédie collaborative :

« Faut-il le rappeler ? Sur Wikipédia, n'importe qui peut écrire n'importe quoi, et manifestement on ne s'en prive pas. C'est le terrain d'exercice idéal pour les professionnels de la manipulation de l'opinion, lesquels sont parfaitement étrangers au désintéressement qui anime les wikipédiens ordinaires. »

Décidément, Wikipédia excite les passions et on trouve même certains sites qui sont entièrement consacrés à la critique de Wikipédia. C'est notamment le cas du site Web d'Alithia[3] qui se présente comme professeur de philosophie et qui mène une croisade sans relâche contre l'encyclopédie en ligne. Ancienne wikipédienne elle-même, elle a choisi de garder l'anonymat car elle ne souhaite pas être ennuyée et prétend que l'équipe française de Wikipédia ne supporte pas ses critiques.

Francis Marmande, qui tient une chronique culturelle au *Monde*, a également étrillé Wikipédia dans l'un de ses papiers[4]. Dans son style inimitable et fleuri, il ose une analogie assassine :

« Wikipédia est à l'*Encyclopédie* de Diderot ce que le kiwi est à la truffe. »

Plusieurs chercheurs en sciences de l'information ont cependant tenté de décrypter les rouages de l'encyclopédie collaborative et Laure Endrizzi, qui travaille à l'Institut national de la recherche pédagogique, a publié un dossier[5] qui fait le tour de la question.

1. Pierre Gourdain, Florence O'Kelly, Béatrice Roman-Amat, Delphine Soulas, Tassilo von Droste zu Hülshoff, Mille et une nuits, 2007
2. http://passouline.blog.lemonde.fr/2007/01/09/laffaire-wikipedia/
3. http://wikipedia.un.mythe.over-blog.com/
4. *Le Monde* daté du 1er février 2007
5. http://www.inrp.fr/vst/Dossiers/Wikipedia/sommaire.htm

RÉAPPRENDRE À DOUTER

Internet, comme tout moyen de communication, peut servir à propager des rumeurs, à désinformer ou bien encore à diffamer. En cela, il ne diffère pas des moyens classiques que sont le courrier postal ou bien le téléphone. Néanmoins, la rapidité avec laquelle circulent sur Internet les informations change la donne car une fausse information peut virtuellement faire le tour de la planète et atteindre des millions de personnes en quelques heures, phénomène matériellement impossible avec les moyens de communication plus classiques. Le contrôle de la fiabilité des informations qui sont publiées sur Internet devient donc un enjeu majeur du développement de ce nouveau moyen de communication. Il devient nécessaire d'apprendre le plus tôt possible aux enfants à exercer leur esprit critique quand ils surfent sur la toile, étant donné qu'ils utilisent ce moyen de communication de plus en plus jeunes. Cette exigence du doute méthodologique n'a pas encore atteint le grand public et l'on assiste encore trop souvent à des dérives qui discréditent l'outil. Il apparaît urgent de trouver des mécanismes de régulation efficaces, tout en n'instaurant pas une censure liberticide. Le cas de Wikipédia est à mes yeux assez exemplaire ; il s'agit d'un projet généreux, mais qui est engagé sur des bases insatisfaisantes qui sont finalement contre-productives. Une alternative comme Citizendium[1] semble plus à même de produire une information de meilleure qualité. On perdra sans nul doute en liberté car le processus éditorial impose des règles de validation, mais on gagnera indubitablement en fiabilité.

1. http://en.citizendium.org/wiki/Main_Page

4

Le mythe du Web 2.0

EN QUÊTE D'UNE DÉFINITION DU WEB 2.0

Les normes, qu'elles soient de fait ou qu'elles émanent d'un organisme officiel de standardisation (AFNOR, ISO, IEEE, etc.) ont une importance capitale en informatique. Si le Web a acquis un tel succès, c'est bien en raison de l'adoption rapide de la norme HTML qui décrivait de manière simple et détaillée l'écriture des pages Web. Fort de cette norme, on a vu apparaître des navigateurs Internet qui ont permis de visualiser ces pages Web et qui ont engendré la lame de fond que l'on connaît. Les normes informatiques évoluent au gré des progrès technologiques ou des lacunes que l'on a constatées dans leur implémentation. C'est pourquoi les normes informatiques sont numérotées : HTML 4.01, XHTML 1.0, 802.11 g, etc.

Depuis quelques mois est apparue une dénomination magique qui capte toutes les attentions : 2.0. On parle bien évidemment de Web 2.0, mais tout semble déclinable à la sauce 2.0. Il suffit de feuilleter la presse pour avoir des nouvelles de la radio 2.0 (une radio qui capte les stations non pas grâce aux ondes hertziennes, mais par le biais d'Internet), du livre 2.0 (pour saluer l'arrivée du « bouquineur » d'Amazon, le Kindle), de l'université ou de la bibliothèque 2.0. À quand la vie 2.0 ou le meilleur des mondes 2.0 ? En tous les cas, vous l'aurez compris, si à l'heure actuelle on n'est pas 2.0, on n'est pas grand-chose en ce bas monde. Le problème est que lorsque l'on demande des explications à propos du Web 2.0, il y a peu de gens pour parler clairement et proposer une définition précise de ce concept. Certains s'y essaient quand même et dans un article[1] au demeurant fort intéressant, Olivier Le Deuff pose en préambule une véritable question métaphysique :

« Nous pouvons même poser la question : le web 2.0 existe-t-il vraiment ? Il semble en effet que le web 2.0 soit d'abord une idée, et peut-être même une idée recyclée. Néanmoins le succès du web 2.0 est notable. »

Est-ce qu'il n'y a pas une légère contradiction à constater le succès d'un phénomène dont on n'est même pas certain qu'il existe ? Serait-ce là un paradoxe supplémentaire du Web 2.0 ? Menons l'enquête pour voir ce qui se cache derrière ce buzz…

On a pourtant une bonne représentation conceptuelle de ce que recouvre le Web (faut-il désormais l'appeler le Web 1.0 ?) : inspiré des projets de Vannevar Bush (MEMEX) et de Ted Nelson (Xanadu), le WorldWideWeb est né en 1989 en Suisse, au CERN, des travaux de Tim Berners-Lee. En 1994, apparaissent les premiers navigateurs (Netscape et Internet Explorer) et le consortium W3C est créé. Cet organisme est chargé de la publication des normes régissant le Web, dont la norme HTML que l'on peut consulter sur le site du W3C (http://www.w3.org).

Le terme Web 2.0 est, quant à lui, apparu au cours de l'été 2004, en Californie…

Origine du terme Web 2.0

L'éditeur d'ouvrages d'informatique, Tim O'Reilly, organise pendant l'été des séminaires où se réunit la fine fleur des adeptes des nouvelles technologies. Baptisées FOO Camp (pour Friends Of O'Reilly), ces réjouissances sont l'occasion de nombreuses séances de remue-méninges et c'est lors de l'édition 2004 du FOO Camp que Dale Dougherty a trouvé la formule Web 2.0. La dénomination ayant été trouvée heureuse, la première conférence intitulée Web 2.0 fut organisée dans la foulée en octobre 2004. Le 30 septembre 2005, Tim O'Reilly publie sur son site un article[2] intitulé : *What Is Web 2.0*

1. Le succès du Web 2.0 : histoire, techniques et controverse. archivesic.ccsd.cnrs.fr/docs/00/13/35/71/PDF/web2.0.pdf
2. Qu'est-ce que le Web 2.0 ? (Modèles de conception et modèles économiques pour la prochaine génération de logiciels). Cet article est disponible à l'URL suivante : www.oreillynet.com/pub/a/oreilly/tim/news/2005/09/30/what-is-web-20.html

(*Design Patterns and Business Models for the Next Generation of Software*). Il y constate que l'on trouve près de 10 millions de citations dans Google de l'expression Web 2.0 et que de nombreuses personnes jugent cette appellation frauduleuse, si bien que son article est une tentative de clarification de ce qu'est pour lui le Web 2.0.

Son papier commence par un tableau de deux colonnes listant des produits et des technologies qui sont estampillés, selon le cas, 1.0 ou 2.0. O'Reilly avoue que l'approche du concept de Web 2.0 a été faite grâce à ces exemples. Tous les terminologues vous diront que lorsque l'on commence à définir un concept avec des exemples, cela n'est jamais bon signe, mais examinons de près ce fameux tableau dont nous reproduisons ci-dessous un extrait :O'Reilly a l'honnêteté de reconnaî-

Web 1.0	**Web 2.0**
DoubleClick	Google AdSense
Akamai	BitTorrent
mp3.com	Napster
spéculation sur les noms de domaines	optimisation des moteurs de recherche
Britannica Online	Wikipédia
sites Web perso	blogs
publication	participation
systèmes de gestion de contenu (CMS)	wikis

tre que ni BitTorrent, ni Napster ne sont à proprement parler des technologies Web (car, comme les logiciels de P2P, on ne les utilise pas à l'aide d'un navigateur), mais il faut être beau joueur et admettre que les quatre dernières lignes de ce tableau indiquent bien le changement de paradigme opéré par le passage du Web 1.0 au .0 ; on pourrait d'ailleurs résumer de manière triviale cette mutation par la formule suivante : l'utilisateur peut rajouter son grain de sel.

O'Reilly poursuit son article en énonçant une série de principes qui sont censés éclairer le concept de Web 2.0 :

- Le Web comme plate-forme
- L'exploitation de l'intelligence collective
- Les données sont essentielles

- La fin du cycle de sortie des logiciels
- Les modèles de programmation légers
- Le logiciel ne tourne pas que sur un matériel unique
- L'amélioration de l'expérience utilisateur

Selon O'Reilly, pour savoir si une société est bien Web 2.0, il faut l'évaluer à partir de cette grille d'analyse. Si l'on peut aisément reconnaître que le propos de Tim O'Reilly ne manque pas d'intérêt et développe des idées intéressantes, on reste cependant sur sa faim tant la définition du concept de Web 2.0 paraît floue et, par voie de conséquence, assez inopérante. Il y a bien une différence conceptuelle entre une page perso et un blog, ou bien entre les notions de publication et de participation, mais était-il vraiment nécessaire d'inventer un terme pour désigner ce que certains tentent de nous vendre comme un changement de modèle radical ?

De nombreux observateurs des nouvelles technologies ayant un minimum d'expérience en la matière s'insurgent également contre la présentation du Web 2.0 comme une nouveauté. Joël de Rosnay, par exemple, dans son dernier ouvrage paru en 2006[1], n'hésite pas à entamer son troisième chapitre intitulé *Les nouveaux outils et usages des pronétaires* par les mots suivants :

« Parmi les innovations les plus explosives de l'Internet de ces derniers mois figure sans conteste le système de diffusion et de mise à jour automatique des sites Web et des blogs appelés RSS. »

Non seulement, les flux RSS qui sont en fait des fichiers XML ne sont pas une nouveauté, mais il faut aussi relativiser leur caractère explosif. Admettons qu'il soit pratique d'être averti automatiquement des modifications de contenu d'un site Web, mais il faut cependant faire attention à ne pas crouler non plus sous les notifications, l'outil pouvant vite se révéler intrusif si on l'emploie à mauvais escient.

Les technologies du Web 2.0 ne sont donc pas aussi récentes qu'on veut bien nous le dire et sur la liste de diffusion[2] Biblio.fr, Denis Weiss, documentaliste-professeur, réagit violemment quand on tente de lui faire croire que le Web 2.0 est possible grâce aux développements de nouveaux outils comme les flux RSS, les blogs, les wikis et les tags :

« Alors précisons ce mot "nouveaux" :

- RSS : autrement dit la mise en forme d'un fichier XML = 1998 ;

1. *La révolte du pronétariat. Des mass média aux média de masses*, Fayard, 2006
2. Les listes de diffusion sont une vieille technologie du Web -1.0...

- Blogs, Wiki : la possibilité de modifier les pages pour un utilisateur est possible depuis PHP (1995)/MySQL (1995) au moins, et l'essence même du Web est de permettre à chacun de devenir son propre éditeur ;

- Tags : existent depuis le début du Web ; et leur utilisation commune n'est qu'une évolution naturelle et continue du Web, sûrement pas un nouveau palier.

Le WEB 2 est un MOT (vide) nouveau, essentiellement inventé pour vendre (des articles, de la formation, des sites, du vent...) et suffisamment flou pour que tout le monde puisse affirmer n'importe quoi à son sujet. Car selon ces critères faire un site Web 2.0 prend 5 minutes, et faire croire que c'est nouveau est une imposture. »

Nous allons cependant examiner certains traits du Web 2.0 et essayer de voir si cette création terminologique vaut vraiment toute l'attention qu'on lui porte.

À LA RECHERCHE DES FOULES INTELLIGENTES

Tim O'Reilly considère le concept d'intelligence collective comme l'un des fondements du Web 2.0. Bien évidemment, tous ceux qui ont écouté assidûment Brassens trouvent paradoxale cette association d'idées tant ils savent que « le pluriel ne vaut rien à l'homme ». En France pourtant, ce concept a été théorisé par le philosophe Pierre Lévy, notamment dans un ouvrage paru en 1994, aux éditions de La Découverte : *L'intelligence collective, Pour une anthropologie du cyberespace*. Pierre Lévy définit cette notion de la manière suivante :

« *C'est une intelligence partout distribuée, sans cesse valorisée, coordonnée en temps réel, qui aboutit à une mobilisation effective des compétences.* Ajoutons à notre définition cet accompagnement indispensable : le fondement et le but de l'intelligence collective sont la reconnaissance et l'enrichissement mutuels des personnes, et non le culte de communautés fétichisées ou hypostasiées. »

En parlant d'intelligence distribuée, Pierre Lévy part du principe que tout individu possède une parcelle de savoir et que l'ignorance absolue n'existe pas ; même le plus ignorant d'entre nous possède des connaissances que nous n'avons pas et qui peuvent être valorisées dans un contexte différent. Selon lui, nous ne savons pas reconnaître les compétences, notamment à l'école et dans les entreprises, d'où « un effroyable gâchis d'expérience, de savoir-faire et de richesse humaine ».

La coordination en temps réel des intelligences est désormais possible grâce aux moyens de communication modernes qui reposent sur les technologies numériques de l'information. Une fois les compétences reconnues, elles peuvent être mobilisées. Selon Pierre Lévy, la question de la reconnaissance est capitale car « à l'âge de la connaissance, ne pas reconnaître l'autre dans son intelligence, c'est lui refuser sa véritable identité sociale, c'est nourrir son ressentiment et son hostilité, c'est alimenter l'humiliation, la frustration d'où naît la violence ».

Dans une interview publiée dans *Le Monde* (daté du 24 juin 2007), Pierre Lévy revient sur ce concept et précise que « l'intelligence collective est pratiquée par les êtres humains depuis qu'ils disposent du langage et de la culture. Nous ne sommes intelligents que collectivement grâce aux différents savoirs transmis de génération en génération. Simplement, Internet est plus puissant que l'imprimerie, la radio ou la télévision, parce qu'il permet une communication transversale et une meilleure exploitation de la mémoire collective. » Quand on lui pose la question de savoir si tout le monde peut vraiment participer à la constitution du savoir collectif, il répond sans détour :

« Je dirais que cela se produit à deux niveaux. D'abord pour le contenu de la connaissance lui-même avec la création collective en ligne à l'aide des wikis, dont Wikipédia est la représentation la plus connue. Mais cela va plus loin encore avec l'organisation du contenu. Des communautés se rassemblent pour décrire des contenus et permettre aux autres d'y accéder. Tout le monde devient ainsi non seulement auteur mais aussi prescripteur, organisateur de la mémoire, documentaliste, critique. Tout le monde devient médiateur, en somme. »

Cette philosophie généreuse paraît de prime abord séduisante, notamment l'idée que nous sommes tous l'ignorant de quelqu'un et par voie de conséquence que tout le monde a des connaissances à transmettre. Que les enseignants s'interrogent sur l'échec scolaire est également une très bonne chose, même si la figure du cancre génial est en passe de devenir un phénomène de mode. Pour autant, sommes-nous tous des auteurs ? Comment peut-on accéder à ce statut quand on ne lit pratiquement plus et quand on ne maîtrise pas les règles les plus élémentaires de l'expression écrite, maux dont semble atteinte une partie non négligeable de la jeune génération ? Cet égalitarisme de bon aloi qui place tout le monde au même niveau ne va-t-il pas à l'encontre du but initial de création de connaissances dont on sait très bien qu'elles se forment grâce à des mécanismes intellectuels de distinction et de différenciation. Kant nous a appris fort justement que juger consistait à distinguer le vrai du faux et il semblerait que le fait de considérer toutes les opinions sur un même pied d'égalité conduise finalement à une profonde dévalorisation du savoir. En effet, si toutes les opinions se valent et ont droit de cité dans l'intelligence collective, alors elles ne valent plus rien du tout. N'est-ce pas au fond ce que tente de faire également Wikipédia quand il recherche la neutralité de point de vue ? Rappelons en effet que l'encyclopédie en ligne se fixe comme but « de ne représenter aucun point de vue comme étant la vérité ou le meilleur point de vue ».

Reconnaître à chacun le statut d'auteur, c'est déclarer implicitement que cette activité n'a aucune spécificité et que nous sommes tous enseignants, journalistes ou bibliothécaires. Cette philosophie collectiviste est à mon sens dangereuse car au lieu de valoriser la connaissance, elle l'affaiblit. Elle est sans doute moins nuisible socialement qu'une oligarchie du savoir qui confisquerait la connaissance au profit d'un tout petit nombre de savants, mais les premiers résultats pratiques de l'application des principes de l'intelligence collective ne semblent guère encourageants et on est en droit de se demander si l'on n'est pas en train de jouer à l'apprenti sorcier. La constitution du savoir se réalise principalement en prenant en compte les différences et en opérant des sélections, terme qui est aujourd'hui devenu tabou dans les universités...

Howard Rheingold, célèbre technologue américain, à qui l'on doit notamment des ouvrages sur les communautés virtuelles, la réalité virtuelle et les outils de la pensée, a également popularisé le concept d'intelligence collective dans un livre paru en 2002 (éditions Basic Books[1]) et intitulé *Smart Mobs*. On peut traduire l'expression « smart mobs » par foules intelligentes, mais il est curieux d'avoir choisi le terme « mob » qui désigne également un gang, et par métonymie la Mafia. Dans l'introduction de son ouvrage, Rheingold déclare que « les foules intelligentes se composent de personnes qui sont capables d'agir de concert, même si elles ne se connaissent pas. Elles instaurent un nouveau mode de coopération car elles portent des dispositifs qui permettent de communiquer et de traiter des informations. Grâce à ces terminaux mobiles, elles peuvent se connecter à d'autres périphériques traitant des informations ou bien aux téléphones d'autres personnes. »

Au début de l'année 2000, Rheingold en visite au Japon, a eu une vision du futur, quand il s'est aperçu que les habitants de Tokyo utilisaient plus leur téléphone mobile pour envoyer des SMS que pour converser. Pour lui, l'utilisation d'un terminal mobile rempli d'électronique pour échanger des messages est un signe de l'évolution future de la décennie. Bien évidemment, les foules intelligentes ne se

1. Il existe une traduction française de cet ouvrage, mais si vous êtes sensible au respect de l'orthographe, il est préférable de l'ignorer.

manifestent pas que par l'envoi de SMS, mais c'est tout un ensemble de facteurs qui créent cette intelligence, notamment les puces RFID, la technologie Wi-Fi, le calcul distribué et la réputation que l'on acquiert en ligne.

Rheingold, dans un chapitre sur l'évolution de la réputation décrit bien le dilemme qui guette tout groupe humain qui tente de discuter collectivement :

« L'aspect positif des communautés virtuelles, c'est que vous n'avez pas à être un écrivain professionnel, un artiste ou un journaliste de télévision pour vous exprimer. Tout le monde peut à présent publier et diffuser. Les moyens de communication plusieurs-à-plusieurs se sont avérés populaires et démocratiques. L'histoire de Usenet en est la preuve. L'aspect négatif des communautés virtuelles, c'est que vous n'avez pas à être courtois, cohérent ou compétent pour vous exprimer. L'histoire de Usenet en est la preuve. Certaines personnes proclament des opinions si odieuses ou si ennuyeuses, utilisent un langage si ordurier ou bien communiquent si mal qu'elles ruinent les discussions qui pourraient être valables pour la majorité des participants si elles s'abstenaient. »

La démocratisation des moyens de communication et des outils n'implique malheureusement pas la démocratisation du talent. Ce n'est pas parce que tout utilisateur d'un ordinateur connecté à Internet peut mettre en ligne sa production que cela le transforme immanquablement en génie. De la même manière, tous les bons logiciels de traitement de texte permettent de gérer des feuilles de styles, mais l'acquisition d'un style, dont Buffon disait que c'était « l'homme même », quand on utilise Word ou Writer (c'est une question de religion) n'est pas pour autant garantie ! Et si le Web 2.0 n'était finalement que la consécration du culte de l'amateur ?

LE CULTE DE L'AMATEUR

Paru aux États-Unis en 2007 (éditions Doubleday), l'ouvrage d'Andrew Keen, *The cult of the amateur*, qui a pour sous-titre *how today's internet is killing our culture* (comment l'Internet actuel est en train de tuer notre culture), résume bien à nos yeux un des problèmes majeurs du Web 2.0. Même si cet ouvrage fait parfois figure de brulot nostalgique ou glisse de temps à autre plus dans l'anathème épidermique que dans la critique argumentée, il n'en demeure pas moins que son titre est excellent : avec le Web 2.0, les amateurs ont pris le pouvoir et les experts n'ont plus la parole. Comme beaucoup de gens qui ont goûté aux joies de la pluridisciplinarité, je n'ai pas une foi démesurée dans les spécialistes et je crains la tyrannie des experts ; j'apprécie également au plus haut point le sport amateur et, s'il ne tenait qu'à moi, le sport professionnel serait d'ailleurs banni. Pour autant, faut-il, dans le domaine du savoir et de la culture, ériger en vertu cardinale l'amateurisme au détriment du professionnalisme ? Comme nous l'avons déjà vu, une des caractéristiques du Web 2.0 est de privilégier la participation de l'utilisateur en misant sur l'intelligence collective. Dans son livre, Andrew Keen qui assistait au fameux FOO Camp où a été forgée l'expression Web 2.0, montre les dérives d'un tel système sous couvert d'une plus grande démocratisation de l'information :

« Je l'appelle la grande séduction. La révolution du Web 2.0 a colporté la promesse d'un monde où la vérité atteindrait plus de gens... mais il s'agit d'un écran de fumée. La révolution du Web 2.0 nous offre en fait des observations superficielles du monde plutôt que des analyses profondes, des opinions brutales plutôt que des jugements réfléchis. Internet a transformé l'économie de l'information en un bruit assourdissant : celui des centaines de millions de blogueurs qui parlent de leur petite personne tous en même temps. »

Keen analyse la figure emblématique du Web 2.0 que les amis de Tim O'Reilly ont baptisé *noble amateur* :

« L'idéal du noble amateur est au cœur de la révolution culturelle du Web 2.0 et menace de bouleverser nos traditions et nos institutions intellectuelles. En un certain sens, il s'agit d'une version numérique du bon sauvage de Rousseau, qui représente le triomphe de l'innocence sur l'expérience, du romantisme sur la sagesse des Lumières. »

Bien peu de personnes se sont pour l'instant penchées sur ce phénomène, et Keen a eu l'excellente idée de convoquer le philosophe allemand Jürgen Habermas qui a récemment livré sa pensée sur le malaise que ressentent les intellectuels face à Internet. Dans son discours de remerciement lors de la remise du prix Bruno-Kreisky[1], Habermas développe l'idée que le transfert des médias classiques vers Internet a fait disparaître l'intellectuel du débat public :

« D'un côté, le passage de la communication de l'imprimerie et de la presse à la télévision et à Internet a conduit à un élargissement insoupçonné de l'espace public médiatique et à une condensation sans précédent des réseaux de communication. L'espace public, dans lequel

1. Discours prononcé le 9 mars 2006
http://www.renner-institut.at/download/texte/habermas2006-03-09.pdf

les intellectuels se sentaient comme des poissons dans l'eau, est devenu plus ouvert et les échanges se sont intensifiés. De l'autre côté, ce débordement de cet élément vital semble provoquer une overdose chez les intellectuels. La bénédiction semble se transformer en malédiction. J'explique cela par le fait que l'espace public devient moins formel et que les rôles correspondants ne sont plus différenciés. L'usage d'Internet a à la fois élargi et fragmenté les relations de communication. C'est pourquoi Internet a certes des effets subversifs sur les régimes publics autoritaires, mais la mise en réseaux horizontale et dépourvue de formalisme de la communication affaiblit dans le même temps les acquis des médias traditionnels. En effet, ces derniers focalisent, au sein de communautés politiques, l'attention d'un public anonyme et distrait sur des informations choisies, de sorte que tous les citoyens peuvent au même moment se préoccuper des mêmes sujets et contributions passés au crible de la critique. Le surcroît d'égalité offert par Internet (qu'il faut saluer) se paye par le multiplexage des contributions informelles. Dans ce medium, les contributions des intellectuels perdent leur faculté à constituer un centre d'intérêt. »

Keen prétend aussi que des ouvrages de référence comme l'*Enclyclopædia Britannica* ou le dictionnaire *Shorter Oxford English Dictionary* (OED) sont aujourd'hui remplacés par Wikipédia. On constate d'ailleurs un phénomène équivalent en France où de nombreuses universités offrent gratuitement à leurs étudiants un accès à l'Encyclopédie Universalis sur leur portail documentaire ; assez bizarrement, les étudiants continuent à préférer consulter Wikipédia. À leur décharge, il faut s'identifier pour accéder à l'Universalis en ligne, ce qui perd du temps, et Google ne référence pas les articles de l'Universalis… Selon Keen, « le dictionnaire *Shorter OED* incarne bien entendu ce que les amis de O'Reilly appelleraient « la dictature de l'expertise ». Publié par les éditions Oxford University Press, le *Shorter OED* qui en est actuellement à sa cinquième édition est un dictionnaire de quatre mille pages, en deux volumes, qui est édité par une équipe de seize lexicographes professionnels et toute une cohorte d'experts, de chercheurs et de conseillers. »

En fait, un des premiers à avoir parlé de culte de l'amateur est Nicholas Carr ; dans un billet posté sur son blog en octobre 2005 et intitulé *The amorality of Web 2.0*[1], il dénonce les connotations religieuses que certains veulent donner au Web :

1. http://roughtype.com/archives/2005/10/the_amorality_o.php

« Voici mon problème : quand on voit le Web en termes religieux et qu'on l'imprègne d'un profond désir de transcendance, on ne peut plus le considérer de manière objective. Par nécessité, nous devons voir dans Internet une force morale, et non pas seulement un ensemble inanimé de matériel et de logiciel. Aucune personne respectable ne souhaite vénérer un fatras amoral de technologie.

Et toutes les choses que le Web 2.0 représente, la participation, le collectivisme, les communautés virtuelles, l'amateurisme, deviennent sans qu'on le conteste de bonnes choses, des choses à cultiver que l'on approuve, des emblèmes du progrès qui nous mènent vers la lumière. Mais est-ce vraiment le cas ? »

S'il faut bien reconnaître qu'il y avait bien une certaine mystique chez les pionniers de l'Internet, on s'en est considérablement éloigné aujourd'hui où l'avenir du Web est étroitement lié aux performances du Nasdaq et à la publicité en ligne.

Carr fustige également ceux qui considèrent le Web 2.0 comme un progrès incontestable sous le prétexte qu'il est construit sur des valeurs intrinsèquement bonnes. Il s'en prend notamment à Wikipédia que l'on n'ose pas critiquer car qui pourrait avoir l'outrecuidance de lutter contre l'intelligence collective ? Il y a là une idéologie extrêmement réductrice qui procède par pétition de principe et qui ne prend pas la peine de discuter les applications pratiques issues des principes théoriques prétendument corrects. On caricaturerait à peine le discours des tenants du Web 2.0 si l'on disait : comme le Web 2.0 est basé sur des valeurs universelles telles que l'intelligence collective et la participation, alors c'est forcément merveilleux. Or en pastichant Gide, on serait plutôt tenté de dire qu'avec de bons sentiments, on fait du mauvais Web.

Cette prétendue valeur du collectif qui primerait à tout coup sur l'individu a également été dénoncée par Jaron Lanier, à qui l'on doit l'invention du concept de réalité virtuelle. Dans un essai intitulé *Digital maoism*[1], il tente de démontrer l'aspect irrationnel de la foi absolue dans le collectivisme quand il s'agit de créer de la connaissance :

« Le problème réside dans la manière dont Wikipédia est aujourd'hui considéré et utilisé et dans la façon dont on l'a élevé à un rang si important si rapidement. Cela fait partie de l'idée plus générale de l'attrait d'un nouveau collectivisme en ligne qui n'est rien d'autre qu'une résurgence de l'idée que le collectif est omniscient… Cela est différent de la démocratie représentative ou de la méritocratie. »

1. http://edge.org/3rd_culture/lanier06/lanier06_index.html

Ceux qui ne maîtrisent pas la langue anglaise trouveront une bonne synthèse des critiques du Web 2.0 sur le blog de Francis Pisani, Transnets, à l'adresse suivante :

http://pisani.blog.lemonde.fr/

Même si l'auteur de ce blog croit plutôt au Web 2.0, il a l'honnêteté intellectuelle de présenter les thèses de ses pourfendeurs.

LES RÉSEAUX SOCIAUX

Il est impossible de parler du Web 2.0 sans évoquer les réseaux sociaux. Les réseaux sociaux sont bien évidemment vieux comme le monde car les hommes n'ont pas attendu l'apparition d'Internet pour créer des réseaux[1]. Mais l'avènement du réseau des réseaux semble avoir fait naître de grands espoirs dans la technologie. Ainsi, dans son ouvrage *Les réseaux sociaux, Pivot de l'Internet 2.0* (MM2 Éditions, 2005), Alain Lefebvre nous fait miroiter tous les bénéfices de cette nouvelle forme de communication sociale :

« J'étais jeune et idéaliste mais surtout, je ne pouvais pas compter sur ce coup de pouce relationnel. Depuis ce temps-là, l'idée de faire bouger ce domaine figé des relations professionnelles m'a toujours paru séduisante, comme un révolutionnaire pouvait caresser l'idée du grand soir.

Et voilà que tout d'un coup, grâce aux réseaux sociaux sur Internet, cela devient possible !

Oui, vous tous, individus professionnels, mes frères, vous qui ne serez jamais admis au sein d'un Rotary ou d'une loge maçonnique, voilà enfin l'occasion de faire plus et mieux pour votre carrière ! »

Tout est dit : même si l'on a un peu de mal à apprécier la proximité métaphorique des révolutionnaires avec les membres du Rotary, les réseaux sociaux sont considérés par de nombreux internautes comme un formidable accélérateur de carrière. Qu'ils se nomment Plaxo ou bien LinkedIn, les réseaux sociaux ont avant tout été conçus par des professionnels pour les professionnels, afin d'enrichir leur carnet d'adresses et leur réseau relationnel et avec l'idée un peu naïve que la

1. On trouvera une bonne analyse des réseaux de communication dans l'ouvrage de Pierro Musso, *Télécommunications et philosophie des réseaux : la postérité paradoxale de Saint-Simon*, PUF, 1998

technologie allait peu ou prou remplacer les repas d'affaires et les réunions.

Mais aujourd'hui les réseaux sociaux ont pénétré la sphère privée et ne sont plus l'apanage des professionnels. En France, cela a commencé avec un site sympathique, Copains d'avant[1], dont le but est de retrouver des camarades de classe. Le principe est extrêmement simple : on s'inscrit sur le site et on décrit son parcours scolaire (de la maternelle à l'université) en espérant que vos copains en fassent autant. Et le pire est que cela fonctionne ! On évitera bien évidemment de s'interroger sur les motivations profondes qui ont fait que l'on a perdu de vue certains vieux condisciples et on pourra ainsi renouer le temps de trois échanges de courriels avec des copains d'avant…

Copains d'avant n'était en fait qu'une aimable plaisanterie, mais heureusement pour nous Facebook est arrivé ! On passera rapidement sur l'histoire du jeune prodige (Mark Zuckerberg, âgé d'une vingtaine d'années) qui a créé sur son campus une application de trombinoscope (en anglais, facebook) et dont la société, dans laquelle Microsoft vient de prendre une participation, a désormais une valorisation boursière estimée à 15 milliards de dollars. Facebook est désormais rentré dans la liste des dix sites les plus visités au monde. Dernier lieu où il faut être présent si l'on veut paraître branché, Facebook tient finalement plus du gadget que d'autre chose. Ce qui a fait le succès de cette application, c'est l'ouverture du produit aux développements externes. Ainsi, les programmeurs peuvent écrire des applications qui viendront se greffer sur votre page d'accueil Facebook. Et les applications ne manquent pas, loin s'en faut, puisqu'elles se comptent en milliers. Certaines sont d'un intérêt tout relatif, mais il se trouve quand même des utilisateurs pour les télécharger ; voici une liste non exhaustive de quelques pépites :

- Pee on Your Friends
- Track Beer Calories
- How Will I Die
- Water Fight
- Pie Fight
- Pillow Fight
- Snowball Fight
- Are you a jerk?
- What sex toy are you?

1. http://copainsdavant.linternaute.com

Comme vous pouvez le constater, on aime bien se battre sur Facebook et rigoler… Car la dérision est le moteur de Facebook et on ne compte plus les groupes ayant des noms pour le moins pittoresques. Par exemple, 3 000 personnes ont adhéré à un groupe qui se nomme « Merde à ceux qui veulent qu'on les regarde dans les yeux en trinquant ! ». Il est sans doute excellent de rire tous les jours, mais quand l'essentiel de son activité consiste à chercher des parodies sur You Tube, à inventer des noms de groupes surréalistes sur Facebook et à retransmettre des blagues par courrier électronique, on se dit qu'il y a peut-être mieux à faire. Le problème de Facebook est en effet que les gens y passent de plus en plus de temps car tester toutes ces applications plus inutiles les unes que les autres ne se fait pas en cinq minutes. Il ne reste plus à espérer que Facebook ne soit qu'un phénomène de mode comme Internet en a déjà connu beaucoup et que les adeptes des réseaux sociaux recouvrent la raison et consacrent leur temps à autre chose (lire, écouter de la musique, aller au cinéma, fréquenter une bibliothèque ou un musée, se promener, penser…).

VIVE LE WEB 3.0 !

Andy Warhol avait prédit que chacun pourrait avoir son quart d'heure de gloire. Avec le Web 2.0, chacun peut désormais prétendre à la gloire permanente puisque grâce à Internet, nous pouvons affirmer notre présence au monde 24 heures sur 24. Même si les réseaux sociaux ont de nombreux adeptes, le Web 2.0 favorise néanmoins l'affirmation du moi : je blogue, je commente, je participe, j'affiche mon profil. Le magazine américain *Time* qui a pris l'habitude de désigner la personne de l'année ne s'y est d'ailleurs pas trompé quand en 2006 il a fait figurer sur sa couverture un écran d'ordinateur affichant le mot « You ».

Le Web 2.0, c'est finalement l'histoire dont vous êtes le héros, et la Croix-Rouge a bien compris cette tendance en achetant le nom de domaine suivant :

http://www.sansvouscommentferionsnous.fr/

où l'on peut lire : « Vous aussi, vous pouvez agir à nos côtés ! Devenez **webbénévole** et diffusez nos messages partout sur internet : sur votre blog ou votre site, sur des forums, à vos amis… »

Heureusement, un article paru dans le numéro de novembre 2007 de la revue *La Recherche* vient nous redonner un peu d'espoir. Intitulé *Web 3.0, l'Internet du futur*, il nous présente l'avenir de l'Internet et nous permet de rêver au prochain enterrement du Web 2.0. Interrogé dans ce numéro de *La Recherche*, Tim Berners-Lee, l'inventeur du Web expose ses vues sur le Web sémantique qu'il préfère désormais appeler le Web de données. Même si tout n'est pas opérationnel, on devrait disposer dans un avenir proche d'un Web plus intelligent où des ontologies permettront de mieux cerner les contenus pertinents, ce qui sera un progrès indéniable pour la recherche scientifique. Nous en aurons alors fini avec le règne des sophistes et le Web 2.0 ne sera plus qu'un mauvais souvenir.

5

La fracture numérique générationnelle

C'est un grand classique : vous conversez avec des parents qui vous déclarent le sourire aux lèvres qu'ils ne comprennent rien à l'informatique, mais que leur rejeton, en revanche, est un véritable génie des ordinateurs. On ne sait pas très bien ce qui les ravit et on se perd en conjectures : s'agit-il de leur propre ignorance, de la prétendue compétence de leur progéniture pour la chose numérique ou bien encore de la différence de niveau entre les deux générations qu'ils assimilent à une forme d'ascenseur social ? De ce décalage naît un sentiment que j'appelle fracture numérique générationnelle. Bien évidemment, ce n'est pas la faute de l'ordinateur si les parents et les adolescents ont du mal à communiquer, mais le peu de goût que manifestent les parents pour l'univers numérique qui peuple les jours et les nuits de leurs enfants creuse un peu plus le fossé entre les générations, comme le note Pascal Lardellier dans son ouvrage[1] sur la culture numérique des ados :

« Le thème de la fracture est à la mode. Et après les fractures sociale, numérique et linguistique, voici que se profile la fracture générationnelle. Éditorialistes et essayistes commentent les difficultés de plus en plus grandes qu'auraient adultes et ados à communiquer et à se comprendre. Il est clair que, si les technologies de l'information et de la communication (TIC) ne sont pas la cause première de ces difficultés, elles les entérinent et les accélèrent. »

1. *Le pouce et la souris. Enquête sur la culture numérique des ados*, Fayard, 2006

L'incompréhension qui règne entre les enfants et leurs parents se manifeste également à l'école où élèves et professeurs ont parfois bien du mal à trouver un terrain d'entente quand il s'agit d'informatique. Dans une communication intitulée L'acculturation numérique des adolescents : un défi pour la profession enseignante ?[1] Christine Dioni évoque également ce concept de fracture numérique générationnelle :

« En matière d'utilisation des technologies, l'écart générationnel entre les élèves et les enseignants (et les adultes en général) est important : il porte autant sur les usages que sur les perceptions que se font les uns et les autres des TIC. Les adultes ont majoritairement de l'outil informatique une perception beaucoup plus utilitaire et souvent ancrée dans une réalité professionnelle. Les adolescents entretiennent avec l'objet-ordinateur une relation de complicité et de bienveillance qui découle de leurs usages principalement tournés vers des activités ludiques ou de communication. »

Ce triste constat amène cependant deux remarques : pourquoi les parents n'apprivoiseraient-ils pas cette culture numérique des adolescents, alors que l'on constate que des retraités se mettent à l'Internet avec une certaine facilité ? D'autre part, qu'en est-il vraiment de cette compétence numérique de la jeune génération ? Nous allons commencer par étudier la réalité de ce phénomène.

LE MYTHE DU GEEK ADOLESCENT

Un *geek* (prononcez guique) est en américain un passionné d'ordinateur qui a de ce fait des compétences élevées en informatique. On a souvent l'impression que de nombreux parents considèrent leurs enfants comme des génies de l'informatique sous le prétexte qu'ils n'y connaissent pas grand-chose et qu'ils s'attendent donc à les voir pirater les ordinateurs du Pentagone ou à casser le système de cryptage des DVD. Si de tels exploits techniques ont bien été réalisés par de jeunes gens férus d'informatique, cela ne signifie pas pour autant que tous les adolescents sont de véritables cracks en la matière.

En fait, les jeunes sont familiarisés avec l'ordinateur et n'ont en général pas cette inhibition dont font parfois montre leurs aînés face à une machine, mais ils développent plutôt des usages que des compétences réelles. Pour avoir enseigné suffisamment longtemps en premier

1. Communication donnée à la conférence TICE Méditerranée 2007 http://isdm.univ-tln.fr/PDF/isdm29/DIONI.pdf

cycle à l'université, j'ai vu au fil des ans l'utilisation du courrier électronique et du traitement de texte se répandre considérablement jusqu'à atteindre la quasi-totalité des étudiants de première année. Si l'utilisation de l'outil informatique est aujourd'hui parfaitement rentrée dans les mœurs, il n'en demeure pas moins que rares sont, par exemple, les étudiants à avoir pris la peine de lire la RFC 1855, plus connue sous le nom de *nétiquette*, qui fixe les règles du bon usage de la communication électronique. Il s'ensuit un mésusage patent de la messagerie électronique, ce constat n'étant malheureusement pas l'apanage des jeunes utilisateurs. De la même manière, si tous les lycéens ou les étudiants ont déjà utilisé un traitement de texte pour rédiger, qui son CV, qui une lettre de motivation, la production de documents longs et structurés pose beaucoup plus de problèmes et majoritairement les étudiants qui ont à écrire un mémoire ne savent pas utiliser une feuille de style ou bien encore produire un index. Tous mes collègues qui enseignent la bureautique à l'université savent parfaitement cela, mais il n'en reste pas moins que les jeunes utilisent fréquemment leur ordinateur, mais visiblement pour d'autres usages.

LES USAGES D'INTERNET CHEZ LES ADOS

On dispose également d'enquêtes quantitatives qui permettent de mieux cerner l'utilisation que font les adolescents de leur ordinateur, notamment l'étude Mediapro[1] sur l'appropriation des nouveaux médias électroniques par les jeunes de 12 à 18 ans. Cette étude[2], qui s'inscrit dans le plan d'action de la Commission Européenne « Internet plus sûr » a été menée sur une période de 18 mois, de janvier 2005 à juin 2006, dans neuf pays européens dont la France. Même si cette étude a pour but d'améliorer la sécurité en ligne des jeunes internautes européens, elle s'attache à décrire l'usage qu'ils font des médias électroniques.

Cette recherche a été organisée autour de quatre axes principaux :

- Environnement multimédia des jeunes
- Connaissances et compétences techniques, communicationnelles et sociales
- Dynamiques psychosociales
- Avenir et enjeux démocratiques

1. http://www.mediappro.org/
2. http://www.clemi.org/international/mediappro/Mediappro_b.pdf

Cette étude, réalisée sur un échantillon de près de 900 élèves de collèges et de lycées, âgés de 12 à 18 ans, montre que 96 % des jeunes interrogés déclarent utiliser Internet, principalement à leur domicile, 70 % l'utilisant tous les jours. En revanche, la place d'Internet à l'école est réduite puisque 65 % disent ne jamais l'utiliser dans leur établissement.

En termes d'usage, 94 % des jeunes disent employer des moteurs de recherche (dans l'immense majorité Google) pour se rendre sur un site déjà connu et plus rarement pour effectuer des recherches dans le cadre d'un travail scolaire. L'autre utilisation massive de l'ordinateur est bien évidemment de rester branché avec sa tribu. Presque 60 % des jeunes trouvent important d'être connecté en permanence avec les amis, ce qui est également un indicateur de la percée de l'ADSL en France. La communication est avant tout écrite : « 9 jeunes possédant un portable sur 10 disent l'utiliser pour envoyer des SMS, près de 6 internautes sur 10 disent utiliser souvent ou très souvent la messagerie instantanée de type MSN, et un peu plus d'un sur deux les courriels ». 25 % des jeunes interrogés déclarent avoir un blog, mais la plupart admettent qu'il est inactif. Nous reviendrons d'ailleurs sur cette question dans le prochain chapitre.

Cette étude permet également de combattre une idée reçue concernant les mauvaises rencontres que peuvent faire les jeunes sur Internet : la majorité d'entre eux prétend ne jamais communiquer avec des inconnus, cette pratique restant très occasionnelle (10 % dans la tranche des 12-13 ans). En fait, les jeunes utilisent de plus en plus rarement le chat et privilégient la messagerie instantanée où ils dialoguent avec leurs copains.

L'apprentissage d'Internet se fait majoritairement seul, de manière empirique, ou bien en demandant des conseils aux amis ou bien aux frères et sœurs ; les parents et les enseignants n'interviennent pratiquement pas dans le processus de découverte de ce nouveau média.

L'étude note également un fait que les pédagogues qui se plaignent des problèmes de concentration de leurs élèves jugeront sans doute inquiétant : « les jeunes ont tendance à combiner plusieurs pratiques simultanément : en étant sur Internet, ils écoutent de la musique avant tout, mais téléphonent aussi, surtout les filles. Plus d'un jeune sur deux déclare regarder télévision, cassette ou DVD tout en étant sur Internet ».

Si les jeunes passent de plus en plus de temps sur Internet, c'est forcément au détriment d'autres activités, et 43 % déclarent regarder moins souvent la télévision et 30 % lire moins de livres.

Le rôle des parents

Quelle perception ont les jeunes du rôle de leurs parents en matière de contrôle d'Internet ? En fait, la figure parentale n'est pas totalement absente, mais elle est plutôt diffuse et limitée à certains domaines. 87 % des jeunes interrogés estiment que leurs parents utilisent plus ou moins régulièrement Internet, mais ils se rendent bien compte que leurs usages sont très différents. Même si certains parents n'utilisent pas Internet, cela reste un sujet de conversation entre les enfants et leurs parents.

D'une manière générale, l'étude conclut que « le contrôle parental reste globalement limité et porte avant tout sur le temps passé sur Internet et au téléphone, et sur les sites visités ; il s'exerce assez rarement sur des pratiques massives comme la messagerie instantanée et le courrier électronique. Les parents semblent globalement plus vigilants sur les sites visités pour les garçons, et sur le chat pour les filles. Quand il s'exerce, ce contrôle concerne davantage les 14-16 ans. »

VOUS AVEZ DIT CULTURE NUMÉRIQUE ?

Les parents qui s'extasient trop souvent devant la dextérité de leurs enfants face à un clavier et une souris devraient plutôt s'interroger sur ce que l'on appelle la culture numérique des ados et se poser la question du rôle qu'ils doivent tenir dans l'intrusion des nouvelles technologies de la communication dans la sphère familiale. En effet, il y a urgence ! Il est important de réagir maintenant car les ados d'aujourd'hui seront les citoyens de demain. À un âge où l'esprit est particulièrement malléable, il est capital que les parents aient leur mot à dire et ne laissent pas s'installer l'idéologie de la communication sans véritable contre-pouvoir conceptuel. La relative passivité des parents à l'égard des TIC est d'ailleurs assez étonnante dans la mesure où ils s'intéressent globalement à l'éducation de leurs enfants. L'échec scolaire ne laisse pas indifférents les parents et la santé florissante des officines privées qui dispensent des cours particuliers indique bien que les parents ont le souci de la réussite de leurs enfants à l'école. Même s'ils achètent bien souvent à un prix élevé l'attention qu'ils n'ont plus le temps (ou l'envie) d'accorder à leur progéniture, les parents sont généralement conscients de leur rôle en matière d'éducation. Et c'est d'ailleurs bien souvent un prétexte pédagogique qui justifiera l'achat d'un ordinateur, qui est devenu, dans l'esprit des parents, un outil incontournable pour les exposés à l'école. Je ne suis pas certain que l'on fasse tant d'exposés que cela à l'école et quand on considère la qualité des exposés googléowikipédiens, on est en droit de se demander si l'achat en vaut vraiment la peine... Si les parents sont aujourd'hui, grâce à différentes campagnes de communication, bien au courant de certains dangers qui guettent les jeunes sur Internet, ils ont une tendance fantasmatique à se focaliser sur les mauvaises rencontres et la pornographie. Mais visiblement le fait que des enfants passent des heures en pure perte face à leur écran n'est pas la priorité des parents. Car si l'on veut schématiser, les ados passent leur temps sur Internet à la messagerie instantanée (principalement MSN), à jouer, à surfer et à téléchargement illégalement[1] de la musique et des films. Si c'est cela la culture numérique, on est face à un véritable problème d'éducation. L'ordinateur, qui est une fantastique machine à créer, sert finalement relativement peu aux ados à produire des contenus artistiques. À moins d'avoir un goût immodéré pour le paradoxe et de considérer que les blogs des ados sont de véritables créations littéraires, les jeunes utilisent peu, en dehors des obligations scolaires, les possibilités de création textuelle de l'outil informatique. De la même manière, si les ados sont de gros consommateurs de musique, ils sont très peu nombreux à utiliser l'ordinateur pour créer de la musique. En matière de création graphique, ils sont finalement très peu nombreux à utiliser un logiciel de dessin ou de retouche de photographie. Pour finir, excessivement rares sont les jeunes qui entreprennent l'apprentissage d'un langage de programmation.

On voit donc bien que la culture numérique des ados consiste plutôt à utiliser des contenus numériques qu'à les produire. Si les jeunes aiment se tenir informés de l'actualité, ils utilisent principalement des agrégateurs de contenus comme Google News. Nous avons déjà mentionné le fait que les adolescents lisent de moins en moins de livres, compte tenu du temps qu'ils passent sur Internet ; il semblerait que la lecture de livres électroniques ne soit pas pour autant rentrée dans les mœurs. Très peu d'ados savent que la plupart des chefs d'œuvre de la littérature classique jusqu'au XIXe siècle sont disponibles en texte intégral sur Internet. En effet, pour peu que l'on ait un périphérique mobile disposant d'un écran suffisamment large (smartphone, PDA, lecteur MP3, etc.), il est aujourd'hui simple et gratuit d'avoir les œuvres complètes de Molière dans sa poche. Mais la lecture ennuie majoritairement les jeunes qui n'aiment pas se retrouver seuls avec un livre.

1. Il paraît que les disques sont trop chers pour les maigres budgets des ados, ce fait économique semblant légitimer à lui seul le téléchargement illégal. Pourtant, les ados payent bien au prix fort les sonneries de leur téléphone mobile...

Que les jeunes abandonnent massivement cette culture classique du livre est indubitablement regrettable, mais il y a encore pire : ce sont les comportements qui frisent véritablement l'addiction. Cette dépendance à Internet peut prendre de multiples formes. Il y a bien entendu ces garçons (cette activité étant quasiment exclusivement masculine) qui passent leurs jours et leurs nuits à jouer en réseau sur Internet. Même si les cas de mort[1] sont extrêmement rares, les crises d'épilepsie et les phénomènes de désocialisation que l'on observe chez les joueurs qui s'adonnent à leurs passions des heures durant ne sont pas exceptionnels.

Une autre forme d'addiction est la crainte de rompre la connexion avec sa tribu. Figure métaphorique de la rupture du cordon ombilical, la perte de la connexion permanente avec ses amis est redoutée par les adolescents et génère un sentiment d'angoisse qui se manifeste par toute une série de comportements étonnants pour ceux qui ne sont pas accros : relève incessante de son courrier électronique, vérification du nombre de barres sur son téléphone mobile pour voir si l'on a bien du signal réseau, connexion permanente à MSN pour voir si les amis sont bien là, même si on ne leur parle pas, demande systématique d'accusé de réception pour les SMS et les courriels, etc. Dans ces conditions, la catastrophe absolue est bien évidemment la panne d'Internet. L'occasion m'a d'ailleurs été donnée récemment de constater ce phénomène sous mon propre toit : après une panne de cinq jours d'Internet et des discussions houleuses avec la ligne chaude de mon opérateur (historique) de télécommunication qui a enfin daigné envoyer un technicien sur place, c'est avec étonnement que j'ai vu mon fils sommer le réparateur de remettre rapidement en état de fonctionnement la ligne. Visiblement, l'attente avait été trop longue et on était proche de l'incident…

Outre le fait que cette nouvelle forme d'aliénation est inquiétante pour la psychologie des adolescents, on ne peut que constater son caractère chronophage. Tous les enseignants de bonne foi reconnaissent que les collégiens, lycéens ou étudiants travaillent moins qu'avant. Il faut être sacrément irresponsable pour ne voir de relation de cause à effet entre ces deux phénomènes. Quand on passe son temps à jouer ou sur MSN, on a *ipso facto* moins de temps pour travailler. C'est d'une banalité confondante, mais c'est malheureusement la triste réalité. « Travailler plus pour mieux penser » pourrait être le nouveau slogan de ceux qui combattent cette addiction numérique qui participe

1. http://www.transfert.net/a7151

bien entendu à la « fabrique du crétin » pour reprendre l'expression de Jean-Paul Brighelli[1].

Cette situation préoccupe bien entendu tous les parents qui n'ont pas oublié qu'ils ont une mission éducative à exercer à l'égard de leur progéniture et qui souhaitent donc contrôler l'usage que font leurs enfants d'Internet. Aux parents anxieux, on conseille parfois l'installation de l'ordinateur dans le salon qui se retrouve ainsi sous la menace permanente de la surveillance adulte. Mais la technologie peut également venir au secours des parents, sous la forme d'un logiciel de contrôle parental qui est censé éviter tous les maux dont peuvent être victimes les enfants sur Internet, notamment la visite de sites au contenu inapproprié à leur âge ou bien la diffusion de données personnelles à des tiers malveillants. L'achat d'un tel programme permet d'obtenir à vil prix une certaine tranquillité d'esprit car on espère que tous les dangers seront ainsi écartés. Quelle drôle d'idée de penser qu'un logiciel puisse remplacer l'autorité morale d'un père ou d'une mère ! Pourquoi certains parents ont-ils tant besoin de médiateurs dès qu'il s'agit d'éduquer leurs propres enfants ? Nous pensons en effet que le meilleur logiciel de contrôle parental est le dialogue ; parler à son enfant de ce qu'il consulte sur Internet et lui faire prendre conscience de tous les pièges qui lui sont tendus est une bien meilleure idée, même si elle est plus délicate à mettre en œuvre. Prendre le temps de surfer avec ses enfants sera beaucoup plus efficace que d'utiliser un logiciel qui ne connaît rien à la sensibilité de vos enfants. Dans le même temps, vous apprendrez à apprivoiser Internet, si vous ne l'avez pas déjà fait et, vous constaterez, par exemple, que certains sites Web faisant l'apologie de l'anorexie sont encore beaucoup plus dangereux que des sites à caractère pornographique...

Certains parents trouvent pourtant rassurants d'utiliser un logiciel de contrôle parental ou bien de surveiller étroitement l'activité de leur enfant sur l'ordinateur. Nous allons voir techniquement de quoi il retourne.

SURVEILLER ET PUNIR

Par contrôle parental, on désigne les moyens de surveillance que les parents peuvent mettre en œuvre pour contrôler les activités de leurs

1. *La fabrique du crétin. La mort programmée de l'école*, Jean-Claude Gawsewitch Éditeur, 2005

enfants. Le contrôle parental peut s'exercer dans plusieurs domaines comme la télévision, la lecture ou bien l'ordinateur, cas qui nous intéresse dans cet ouvrage. Si vous avez des enfants, vous vous posez sans doute des questions sur ce qu'ils peuvent voir sur le Web quand vous n'êtes pas derrière leur dos, et les logiciels de contrôle parental peuvent apporter une réponse à vos interrogations.

Avant d'acquérir un logiciel de contrôle parental ou de choisir la solution proposée par son fournisseur d'accès à Internet, il faut cependant savoir que le navigateur qu'utilise votre enfant pour surfer sur le Web dispose déjà de fonctions pour limiter les sites consultés. Il existe en effet un dispositif intégré à Internet Explorer qui permet de filtrer le contenu de certains sites : le Gestionnaire d'accès. Ce dispositif logiciel vous permet de contrôler les types des contenus auxquels les utilisateurs d'un ordinateur peuvent avoir accès. Dès que vous avez activé le Gestionnaire d'accès, seuls les contenus dont le contrôle d'accès correspond à vos critères peuvent être affichés. Lors de la première activation, les options par défaut du Gestionnaire d'accès sont paramétrées avec les valeurs les plus basses, c'est-à-dire que le filtrage est maximal et que seuls les contenus les moins choquants sont affichés.

Le Gestionnaire d'accès autorise les actions suivantes :

- Contrôler l'accès aux paramètres du Gestionnaire d'accès à l'aide d'un mot de passe. Vous avez besoin de ce mot de passe pour modifier les paramètres du Gestionnaire d'accès.
- Afficher et définir les paramètres de contrôle d'accès en fonction du type de contenu que vous considérez comme acceptable dans chacune des quatre catégories suivantes : langue, nudité, sexe et violence.
- Définir les types de contenu que les autres utilisateurs peuvent afficher avec ou sans votre autorisation. Vous pouvez définir des exceptions individuelles aux paramètres de contenu.
- Définir la liste des sites web dont l'accès est toujours interdit, indépendamment du contrôle d'accès de leur contenu.
- Définir la liste des sites web dont l'accès est toujours autorisé, indépendamment du contrôle d'accès de leur contenu.
- Afficher et modifier les systèmes de contrôle et de bureaux d'accès que vous utilisez.

Le Gestionnaire d'accès évalue le contenu des sites en se fondant sur une classification établie par un organisme international et indépendant à but non lucratif, l'ICRA (*Internet Content Rating Association*, Association de classification du contenu d'Internet). Cette association classifie les sites selon quelques grandes catégories générales : vulgarité du langage, nudité, contenu sexuel, violence, jeux de hasard, drogues et alcool. Chaque webmestre est incité à remplir un questionnaire ouvert et objectif qui permet de décrire le contenu de son site à partir de ces catégories, mais bien évidemment, cette déclaration n'est que facultative et n'est pas contrôlée.

Mais pour certains parents, le filtrage des contenus ou l'utilisation d'un logiciel de contrôle parental ne va pas assez loin et ils souhaitent exercer sur leur progéniture un contrôle qui frise l'espionnage. Il existe d'ailleurs toute une panoplie de techniques plus ou moins sophistiquées pour contrôler ce que font les enfants sur l'ordinateur.

La première méthode ne requiert aucune compétence technique car elle consiste tout simplement à placer l'ordinateur dans une pièce où vous pourrez surveiller l'activité de votre enfant. Le fait qu'un enfant ait son propre ordinateur dans sa chambre n'est en effet pas la panacée en matière de contrôle parental. A contrario, le fait qu'il y ait du passage dans la pièce où se situe l'ordinateur exercera une certaine forme d'autocensure.

Il existe d'autres techniques de surveillance a posteriori qui impliquent de votre part une certaine volonté d'espionnage. La plus simple consiste à regarder les favoris stockés sur l'ordinateur de votre enfant ainsi que l'historique de consultation du navigateur. Si la saisie semi-automatique a été activée sur l'ordinateur, vous pouvez également apprendre des tas d'informations parfois très intéressantes.

Il existe enfin des méthodes plus brutales qui permettent d'enregistrer toutes les touches qui sont saisies au clavier ou bien d'enregistrer automatiquement des copies d'écran à un intervalle de temps donné. Baptisé *keylogger* (*key* = touche et *log* = journal), ce genre de programmes enregistre donc toute l'activité d'un ordinateur et vous permettra de savoir exactement ce que dit votre enfant quand il fait du chat (dans ce cas-là, n'oubliez pas d'apprendre aussi le langage qui va avec...).

Un programme de keylogging s'installe à l'insu de l'utilisateur de l'ordinateur et enregistre donc son activité en arrière-plan. Pour obtenir le fruit de votre espionnage, il vous suffit en général de récupérer un fichier sur l'ordinateur de votre enfant. Certains programmes poussent le raffinement jusqu'à proposer l'envoi du fichier par courrier électronique. L'utilisation de ce genre de programmes est bien évidemment moralement inacceptable, mais certains parents sont tellement inquiets qu'ils cèdent parfois à cette tentation. De plus, si votre enfant découvre votre tentative d'espionnage, vos rapports ne vont pas s'améliorer. Dans ces conditions, nous préférons de loin le dialogue qui est infiniment plus respectueux de la vie privée des enfants et à long terme beaucoup plus productif.

Les parents qui souhaitent des conseils sur la manière d'aborder ces problèmes avec leurs enfants trouveront en ligne de nombreux sites qui diffusent des fiches pratiques à leur attention. On peut notamment signaler le Forum des droits sur l'Internet qui a créé un site spécialement pour les parents accessible à l'adresse :

http://www.foruminternet.org/particuliers/fiches-pratiques/parents/

De plus, sur le portail de la société de l'information du gouvernement (http://internet.gouv.fr), vous trouverez de nombreuses informations sur le sujet, notamment un dossier intitulé « Rendre plus sûre la navigation des enfants sur Internet », dans la rubrique Éducation et formation, à l'adresse suivante :

http://internet.gouv.fr/accueil_thematique/education-formation-140m.html

Il faut enfin signaler l'initiative de l'Allemagne qui a développé une plate-forme Internet totalement sécurisée à l'attention des enfants de 8 à 14 ans. Accessible à l'adresse www.fragfinn.de/kinderliste.html, ce site propose un chat modéré en permanence par l'équipe rédactionnelle, un moteur de recherche ne donnant accès qu'à des sites réputés sûrs, ainsi que des jeux.

Même si nous admettons bien volontiers que la question du contrôle de l'activité Internet des ados par les parents est un problème délicat, nous pensons que la première des choses à faire est de prendre conscience du problème. Dans un deuxième temps, les parents qui ne connaissent rien ou pas grand-chose à Internet doivent impérativement se former afin de pouvoir dialoguer avec leurs enfants de ce qu'ils y font.

RISQUES JURIDIQUES DE LA PRATIQUE INFORMATIQUE DES ADOS

Malheureusement, l'addiction à Internet et le risque d'y faire de mauvaises rencontres ne sont pas les seules menaces qui pèsent sur les épaules des ados. En effet, l'adolescent a une fâcheuse tendance à ignorer certaines lois et par conséquent à les enfreindre. Il existe donc un certain nombre de pratiques délictuelles auxquels les enfants ont recours sur Internet, et les parents devraient peut-être s'inquiéter de voir leur responsabilité pénale ainsi engagée. Comme vous allez le constater, il est finalement assez facile et assez fréquent de franchir la ligne blanche et une sensibilisation des ados aux problèmes juridiques ne paraît absolument pas inutile.

En premier lieu, il faut bien entendu parler du problème du respect du droit d'auteur et du téléchargement illégal à l'aide des logiciels de P2P (voir le chapitre 2). Si les parents ne souhaitent pas que la ligne Internet soit coupée en raison de l'utilisation d'un tel logiciel, ils peuvent très certainement apprendre à détecter la présence de ce type de programmes sur l'ordinateur utilisé par les enfants.

La circonstance peut être aggravée si l'ado fait commerce des œuvres qu'il télécharge illégalement sur le Net. Une consommation trop élevée de disques à graver (CDR ou DVDR) doit alerter les parents et leur faire suspecter un petit trafic, qu'il enrichisse ou non son auteur. Il est sans doute très valorisant pour un ado d'approvisionner ses camarades avec les dernières séries à la mode ou les films qui ne sont pas encore sortis en France, mais les parents prennent des risques à tolérer ce genre de comportements. Si l'enfant n'est pas majeur, ce sont eux qui devront rendre des comptes à la justice.

Il est également un domaine lié au droit d'auteur où l'on a beaucoup de mal à faire entendre raison aux adolescents, c'est celui de la vénération qu'ils portent aux artistes qu'ils chérissent. L'ado est partageur et quand il adore, il aime le faire savoir. Il n'est donc pas rare de trouver sur un blog une photo d'un artiste, les paroles d'une de ses chansons ou bien encore la chanson elle-même au format MP3, sous le prétexte que l'on souhaite faire partager au monde tout le respect que l'on accorde au travail artistique de cet auteur. Bien évidemment, l'ado en question ne possède aucun droit de reproduction sur la photo de ce chanteur, ni sur les paroles ou la musique de cet artiste et quand on lui explique qu'il n'a pas le droit de le faire, on n'est en général pas entendu, l'ado considérant qu'en publiant ces informations, il fait de la publicité à cet artiste (ce qui n'est pas entièrement faux) et lui exprime sa reconnaissance. Certaines maisons de disques n'ont malheureusement pas le même point de vue.

Pour finir, il faut également mettre en garde les adolescents qui tiennent un blog ou qui publient n'importe quel contenu susceptible d'être visible sur Internet : injurier ou diffamer ses professeurs (même quand ils sont mauvais) est assez risqué. Au mieux, cela se terminera par quelques jours d'exclusion ou une exclusion définitive de l'établissement[1], et au pire cela finira devant un tribunal si le prof n'a pas le

1. http://archquo.nouvelobs.com/cgi/articles?ad=multimedia/20050317.OBS1492.htm

sens de l'autodérision. Il faut donc tenter d'expliquer à ses enfants qu'Internet n'est pas une zone de non droit et qu'il est par exemple interdit d'y proférer des insultes, des propos racistes ou homophobes.

LA FRACTURE NUMÉRIQUE GÉNÉRATIONNELLE RÉVÉLATRICE DU MALAISE FAMILIAL ?

Les technologies de l'information et de la communication sont pour les jeunes une nouvelle forme d'utopie techniciste qui leur permet de rester en contact permanent avec leurs pairs. Le discours idéologique dominant auquel ils adhèrent parfaitement est un discours essentiellement marchand qui privilégie toujours le quantitatif par rapport au qualitatif, connexion à haut débit et forfait illimité étant les maîtres mots de cette phraséologie consumériste. On est décidément bien loin des idéaux des pionniers de l'Internet. Grâce aux TIC, les jeunes peuvent vivre entre eux, dans un monde la plupart du temps désincarné, et fuir ainsi la réalité du monde des adultes avec lequel ils n'ont plus grand-chose à partager. Même si les nouveaux moyens de communication permettent parfois de garder un lien plus étroit avec l'autre parent dans le cas des familles monoparentales, ils sont plutôt un facteur d'exclusion entre les parents et les enfants.

Dans ces conditions, il est grand temps que les parents investissent le champ des nouvelles technologies afin de mieux contrôler ce que font leurs enfants avec un ordinateur, de renouer le fil du dialogue et d'opposer un discours divergent face à l'idéologie communicationnelle induite par un usage immodéré des TIC. Se servir d'un ordinateur et d'Internet ne signifie pas forcément tourner le dos à la culture classique. Si les parents veulent encore avoir des choses à partager avec leurs enfants, il est nécessaire qu'ils préservent cette culture qui joue un rôle de ciment entre les générations.

6

J'écris, donc je suis !

ÉCRIRE POUR EXISTER SUR LE NET

Aujourd'hui, dans de nombreux milieux professionnels, si l'on n'est pas présent sur Internet, on n'existe pas ! C'est un fait établi que tout le monde semble avoir accepté sans regimber tant il semble ne pas y avoir de vie hors l'Internet. Cette forme d'ostracisme tend malheureusement à se généraliser à la sphère privée et ne pas avoir d'adresse électronique passe, par exemple, pour une forme de déchéance sociale qui vous ferait presque assimiler à un SDF. Afin de montrer aux autres que l'on est bien vivant, il faut donc apporter des preuves de son existence sur Internet. Le moyen le plus simple pour ce faire est bien entendu de créer sa page perso ou bien d'ouvrir un blog, mais tout le monde ne sait pas faire et il faut alors imaginer des formes d'expressions alternatives qui prouvent au reste du monde que l'on fait quand même partie des gens connectés à Internet.

Ceux qui n'ont pas de page perso ni de blog peuvent néanmoins manifester leur présence sur Internet en écrivant des courriels. En fait, la plupart du temps, ils n'écrivent pas, ils retransmettent. Nous avons déjà évoqué le cas des hoaxes dans le chapitre 3, mais il s'agit ici d'un phénomène différent. L'internaute qui veut marquer son territoire diffuse des informations qu'il juge dignes d'intérêt à des personnes dont il suppute qu'elles apprécieront son geste. Dans la mesure où le courrier électronique est devenu presque gratuit, nous sommes donc assaillis par des blagues, des vidéos, des photos censées être drôles, sensationnelles, voire coquines, que retransmettent les gens qui n'ont rien d'autre à nous dire et l'on en vient à regretter la démocratisation de l'ADSL.

Bien évidemment, comme nous sommes tous citadins et disposons d'une connexion permanente à Internet, on ne se soucie plus de la taille des pièces jointes et malheur à celui qui a pris quelques jours de vacances et tente de relever son courrier électronique depuis une connexion bas débit…

Même si le poids des fichiers est lourd, le contenu informationnel est en général assez bref car nos correspondants savent bien que nous ne pouvons pas focaliser notre attention très longtemps, culture du zapping oblige[1]. Bien souvent, l'information retransmise existe déjà sur un site Web, mais au lieu de transférer l'adresse du site Web, on retransmet l'intégralité de l'image, de la vidéo ou du son en question (on n'a pas très bien compris comment fonctionne le système des liens sur le Web, mais comme on a une connexion illimitée, cela n'est pas grave). Le contenu diffusé est toujours drôle, parodique, censément esthétique (un joli diaporama sous PowerPoint avec des photos magnifiques, une musique mièvre et parfois une morale tellement pétrie de bons sentiments que cela vous donne immédiatement envie de relire *Le Misanthrope*) ou bien encore politique et les autres registres sont excessivement rares. Bizarrement, on ne transmet jamais de livre électronique…

De certains correspondants, on ne reçoit que ce genre de choses et jamais rien d'autre. Les personnes qui s'ennuient à leur travail ou qui n'en sont pas surchargées ont une certaine propension à retransmettre. Il faut bien évidemment ajouter à cette catégorie les gens qui viennent d'être mis à la retraite. Ces échanges sont tellement institutionnalisés que l'on ne prend même plus la peine de dire bonjour : on transmet le contenu brutalement sans le contextualiser, sans dire d'où il vient.

Cette transmission d'information attribue au diffuseur une certaine forme de présence sur Internet et il s'accapare aussi une once du succès du contenu qu'il véhicule. Le diffuseur n'est pas un créateur, mais le simple fait de signaler une information drolatique ou bien un scoop fait rejaillir une certaine part de gloire. Cette déferlante, ce déluge d'octets que nous charrient quotidiennement les tuyaux de l'Internet nous fait réfléchir et nous poser une question fondamentale : comment faisions-nous avant l'avènement d'Internet pour transférer tous ces chefs-d'œuvre à tous nos amis, nos parents, ou nos collègues ? Prenait-on son téléphone pour énumérer les perles du bac, des assurances ou de la Sécurité sociale à tout son carnet d'adresses ?

1. La culture télévisuelle nous a sur ce plan-là (si j'ose m'exprimer ainsi) bien éduqués : les plans ne durent jamais plus de quelques secondes et quand un journaliste interviewe un invité, il le coupe dès que ce dernier commence à argumenter trop longtemps.

Le plus difficile dans tout cela est de faire comprendre à son correspondant, sans le froisser, que l'on ne souhaite plus être destinataire de cette manne. Personnellement, je n'y suis jamais arrivé et comme je n'aime pas outre mesure désobliger les gens, j'ai renoncé à leur signifier ma désapprobation…

COMMENTEZ, COMMENTEZ, IL EN RESTERA TOUJOURS QUELQUE CHOSE !

Le problème du courrier électronique, c'est qu'à moins d'être un pollupostеur professionnel, on n'arrive pas à dépasser l'audience de son carnet d'adresses. Pour celui qui souhaite faire valoir son propos *urbi et orbi*, c'est un peu court et il faut donc viser plus large pour agrandir sa zone de couverture. Les commentaires que l'on peut déposer sur certains sites Web sont donc une bonne occasion de faire connaître sa pensée à ses contemporains. Abonné à l'édition électronique du quotidien *Le Monde*, je suis toujours étonné de voir que certains articles suscitent une flopée de commentaires. Par exemple, un article intitulé « Inquiétudes sur le rôle conféré aux religions par Nicolas Sarkozy » mis en ligne à 12 h 37 a déclenché pas moins de 130 commentaires dans les douze heures qui ont suivi sa publication. Quand on veut rédiger un commentaire, la logique voudrait que l'on prenne la peine de lire la prose des lecteurs qui ont déjà ajouté leur grain de sel afin de ne pas courir le risque de développer les mêmes arguments. Cela signifie que pour un article de 4 656 signes (espaces compris), il faut lire (à l'heure où j'écris ces lignes) 9 pages de commentaires (à raison de 15 commentaires par page) qui totalisent 48 131 signes (espaces compris), soit un peu plus de 10 fois la longueur de l'article. Bigre ! Commenter un article demande décidément beaucoup d'efforts et mérite donc tout notre respect. Surtout que certaines personnes prenant la peine d'écrire semblent respecter les règles du jeu étant donné que quelques commentaires sont des exégèses d'autres commentaires, ce qui semble bien indiquer que, solidarité oblige, les commentateurs se lisent entre eux. Avouez tout de même qu'il faut avoir du temps pour se livrer à ce genre d'exercice et si, pour chaque article lu, il faut lire des commentaires dix fois plus longs, la lecture du quotidien prendra la journée. Il faut également ajouter à cela que la lecture des commentaires du *Monde* est assez pénible ; en effet, l'interface utilisateur est mal pensée car les contributions des lecteurs s'affichent dans l'ordre inverse de leur arrivée, le dernier commentaire s'affichant donc en premier. Outre le fait que la lecture chronologique des commentaires est malaisée, il arrive très souvent qu'un lecteur fasse référence à un commentaire qui ne se trouve pas sur la même page.

Pourtant, le *Monde* fait bien les choses et affiche des règles de conduite qui stipulent :

- Tous les propos contraires à la loi sont proscrits et ne seront pas publiés.
- En réagissant à cet article, vous autorisez la publication de votre contribution, en ligne et dans les pages du *Monde*.
- Une orthographe et une mise en forme soignées facilitent la lecture (évitez capitales et abréviations).
- Signez votre réaction (par votre nom ou pseudo).
- Vous pouvez publier deux réactions par article.

Le *Monde* prend la peine de modérer les commentaires, ce qui signifie que quelqu'un est chargé de lire la contribution du lecteur avant de la publier. Cette pratique est courante car elle permet d'éviter les procès, mais elle coûte cher car elle nécessite de la main-d'œuvre.

Le *Monde*, et il a bien raison, rappelle que l'orthographe facilite la lecture. Si les lecteurs du quotidien du soir[1] ont plutôt une orthographe au-dessus de la moyenne, certains oublient les signes diacritiques (nostalgie du Minitel ?) ou persistent à écrire de longues phrases en majuscules, ce que la nétiquette réprouve car cela donne l'impression que vous criez. On ne sait pas très bien ce que signifie « mise en forme soignée » dans le cadre de la saisie d'un commentaire dans la mesure où aucune mise en forme n'est possible étant donné que le commentateur saisit du texte brut. On ne comprend pas très bien non plus à quoi cela sert de signer sa contribution car personne n'utilise son véritable patronyme et, bien entendu, aucune vérification n'est faite de l'identité des contributeurs (mais nous reviendrons longuement sur ce problème). Les commentaires du *Monde* sont forcément succincts (500 caractères) et l'on n'a pas droit, en théorie, à plus de deux contributions. Rien n'empêche évidemment un même individu de poster des dizaines de commentaires s'il a envie de jongler avec plusieurs identités numériques, mais le problème vient de la brièveté que l'on impose à celui qui veut donner son opinion. Comment être véritablement pertinent en aussi peu de mots ? Comment développer une pensée argumentée quand on vous bride ainsi et qu'à chaque caractère saisi, le compte à rebours se décrémente ? Il y a là une certaine tartufferie à donner ainsi

1. Cette dénomination n'a d'ailleurs plus grand sens car on dispose aujourd'hui de l'édition électronique au format PDF en début d'après-midi.

la parole aux gens, mais à limiter leur intervention au strict minimum. On comprend aisément que le gestionnaire du site Web du *Monde* ne souhaite pas embaucher des dizaines de relecteurs pour modérer la faconde de certains lecteurs, mais cette manière d'étriquer l'espace rédactionnel nuit finalement à la richesse du débat.

Il est également un endroit où l'on aime bien commenter, ce sont les sites qui vendent des produits. L'idée paraît de prime abord excellente car les consommateurs sont alors capables d'exercer un véritable et nécessaire contre-pouvoir face à la propagande des marchands. Le seul problème, et il est de taille, est qu'il est bien difficile d'accorder du crédit aux commentaires qui sont laissés sur ces sites. Comment peut-on juger de la sincérité d'un commentaire qui encense ou d'un autre qui vitupère ? Le premier est-il payé par le fabricant du produit alors que le second est rétribué par son concurrent ? Quand on connaît l'épisode glorieux des clics frauduleux (voir le chapitre 1) dont est victime Google ou que l'on sait que des sociétés demandent à leur agence de communication de créer de faux blogs pour vanter leurs produits, il n'est pas totalement infondé de penser que certains commentaires sont complaisants et d'autres malveillants.

Le libraire en ligne Amazon a été un des premiers à introduire ce système de commentaires sur les produits de son catalogue. Chaque client est ainsi invité à contribuer par ces termes : « Rédigez votre commentaire et créez le bouche à oreille ! ». Le client attribue une note sur une échelle allant de 1 à 5, rédige un titre, puis écrit son commentaire. Afin d'aider ses clients, Amazon publie une page très instructive qui propose des « conseils d'écriture pour les commentaires d'internautes ». On y apprend que le texte du commentaire doit être composé d'au moins 5 mots et peut aller jusqu'à 1 000 mots, la longueur recommandée se situant entre 3 et 6 lignes. Le mélange des unités nuit un peu à la clarté de l'exposé et fait un peu penser à un problème d'arithmétique et, les commentateurs scrupuleux auront intérêt à rédiger leur prose dans un traitement de texte qui compte les mots car l'éditeur de commentaire d'Amazon n'est pas doté de cette fonctionnalité. Moins anecdotiques sont les conseils sur ce qu'il faut dire : « Les commentaires appréciés sont ceux des internautes qui prennent le temps d'analyser les raisons pour lesquelles ils ont apprécié ou non un album, une vidéo ou un ouvrage particulier, dans quelle mesure l'auteur, l'artiste ou le réalisateur a atteint son objectif et réussi ou pas à susciter une émotion particulière. »

Amazon proscrit l'intertextualité et ne souhaite pas que l'on donne son opinion sur d'autres commentaires visibles sur la même page. Amazon précise également que : « le texte ainsi que sa position sur la page peuvent être modifiés par nos soins à tout moment ». Cela signifie donc que le texte peut être amendé sans que son auteur en soit averti ou qu'il ait donné son accord. Le régime du droit d'auteur des commentaires n'est d'ailleurs pas un modèle de clarté car sur une autre page il est indiqué que les commentaires sont la propriété d'Amazon si bien qu'une personne ayant rédigé un commentaire n'a en théorie pas le droit de le reproduire sans l'autorisation d'Amazon. Mais, au final, afin de dégager sa responsabilité, Amazon prend bien soin de faire la déclaration suivante : « Amazon.fr, ses dirigeants ou employés ne peuvent être tenus responsables des dommages ni de toute demande émanant de tiers en rapport avec l'information et le contenu des commentaires publiés. ». En conclusion, le fait que l'on soit incapable de juger de la sincérité de la personne qui dépose un commentaire est un sérieux écueil qui rend le système opaque et en limite l'intérêt. Il existe quelques moyens objectifs de jauger la fiabilité d'un commentateur, notamment en examinant le nombre de ses contributions. Mais si pour lire un commentaire, il faut se livrer à une enquête sur son auteur et prendre le temps de lire tout ce qu'il a déjà produit, encore une fois le système des commentaires des clients perd de sa pertinence.

BLOGS À PART

Internet permet aux gens de s'exprimer sur la Toile pour un coût pratiquement nul et c'est donc un fantastique outil démocratique car chaque opinion, dans sa diversité la plus totale, peut trouver matière à expression. Chacun a donc le sentiment, parfois l'illusion, qu'il peut devenir auteur. Je ne suis pas économiste et je ne sais donc pas si trop d'impôt tue l'impôt, mais je reste convaincu que trop d'écrit tue l'écrit. Le constat est d'ailleurs identique à chaque rentrée littéraire : il y a trop de nouveautés et il est bien difficile de s'y retrouver dans cette avalanche de romans qui nous submergent au mois de septembre. On peut également faire le même bilan pour les ouvrages d'informatique où quantité ne rime pas souvent avec qualité : combien de livres ne sont que de pâles resucées ou de vagues paraphrases de la documentation en ligne ? Comme le temps de lecture des Français n'est malheureusement pas extensible, cela a pour conséquence que les œuvres qui méritent d'être lues se retrouvent noyées dans la masse des publications médiocres qui encombrent les rayonnages des libraires.

Il est aujourd'hui évident que l'invasion grandissante du phénomène des blogs participe à ce chaos informationnel, étant donné que plusieurs millions de nos compatriotes se livrent à cet exercice périlleux qui consiste à déballer ses états d'âme sur la place publique. Si l'on peut difficilement être en désaccord avec le principe de la liberté d'expression, il me semble néanmoins que le blog part du postulat erroné que toute personne a quelque chose d'intéressant à dire. Pourtant, le droit de s'exprimer librement n'implique pas que l'on abuse de cette faculté et que l'on s'abaisse à écrire tout et n'importe quoi. Je sais pertinemment que l'instauration d'un permis d'écrire, comme il y a un permis de conduire ou de chasser, n'est pas envisageable, mais quand on prend le temps de parcourir de nombreux blogs au hasard de ses pérégrinations réticulaires, on se demande quand même s'il ne faudrait cesser de voir dans ce fatras le fleuron de notre culture numérique. Certes, la majorité des aficionados du blog sont les adolescents et les hommes politiques[1], deux catégories sociales en mal de reconnaissance, mais les parents pourraient recommander aux premiers la pratique ancestrale du journal intime et les électeurs pourraient intimer aux seconds de se faire plus discrets. Encore une fois, cette dérive exhibitionniste pourrait être tolérée si elle restait circonscrite à la sphère privée, rien n'interdisant de noircir des pages de logorrhées tant qu'on les garde sous clé, mais bien évidemment l'auteur en quête de gloire a besoin d'un public et doit montrer au monde entier ses exploits littéraires. Comme tout cela ne coûte rien, les ados perdent leur temps à lire le blog de leurs copains au lieu de dévorer autre chose de plus consistant et de mieux pensé.

Je confesse pourtant qu'il m'arrive de lire avec plaisir certains blogs comme ceux de Pierre Assouline[2], de Jean Véronis[3] ou bien encore de Francis Pisani[4], mais il n'est peut-être pas anodin de constater que ces trois personnes sont des professionnels de l'écriture. Cette liste n'est bien évidemment pas exhaustive et je présente par avance mes excuses à tous ceux que j'apprécie et qui ne sont pas cités ici. Il faut donc admettre que tous les blogs ne sont pas mauvais et que certains amateurs font sans doute un excellent travail d'investigation et publient des informations dignes d'intérêt. Pour autant, peut-on parler de blogosphère, voire de blogalaxie comme certains n'hésitent pas à le faire ? Dans certains milieux branchés, on n'a que ce mot-là à la bouche et l'on glose à l'envi sur ce qui s'écrit dans la blogosphère. Chers blogosphériens, incluez-vous dans cette totalité les treize millions de blogs hébergés par la plate-forme de Skyrock ? Allez-vous d'ailleurs souvent voir ce qui s'y passe ? On n'aurait jamais dû créer ce mot et on ne devrait jamais parler de la blogosphère en général. Est-ce qu'il existe

1. Aux dernières nouvelles, les blogs politiques sont détrônés par Facebook où tout candidat aux élections municipales se doit d
2. La république des livres, http://passouline.blog.lemonde.fr/
3. Technologies du langage, http://aixtal.blogspot.com/
4. Transets, http://pisani.blog.lemonde.fr/

un mot pour désigner les conversations des cours de récréation ou des comptoirs de café du commerce ?

La question de savoir combien il y a de blogs dans le monde, et en France en particulier, agite les chantres de la blogosphère. Loïc Le Meur, grand gourou des blogs devant l'Éternel, affiche fièrement sur son site en août 2006[1] que la taille de la blogosphère double tous les 6 mois et que Technorati compte désormais 50 millions de blogs. Malheureusement, dans le même temps, Technorati constate qu'à peine plus de la moitié des blogs sont actifs, le critère d'activité minimale étant une mise à jour tous les trois mois… Il faut dire que de nombreux blogs, tels des éphémères, ont une durée de vie extrêmement limitée. Ainsi, le blog intitulé « va savOir Qui Je SuiS, une Fille, une pOuf, une Pute »[2], a été créé le mercredi 31 août à 11 h 11 et mis à jour pour la dernière fois le mercredi 31 août à 12 h 35… En un peu plus d'une heure d'existence, ce projet littéraire a quand même réussi à accoucher de deux articles et de deux commentaires. On ne sait pas très bien si son auteure a très vite atteint les limites du genre, ou si la perspective de la rentrée des classes lui a remis les idées en place. Vous pourriez penser que je caricature à dessein et que j'ai choisi là un exemple exceptionnel, mais malheureusement il n'en est rien. Des blogs de ce genre se comptent par milliers. Pascal Lardellier, qui a bien entendu étudié ce phénomène de la culture numérique des ados, jette également un regard lucide et critique sur ces productions :

« Strict corolaire de MSN, les blogs constituent à la fois des miroirs identitaires et des exutoires. Les ados y cherchent la confirmation de ce qu'ils sont socialement. Et ils y trouvent aussi des liens de cœur, de sexe et de vie. Mais il ne faut pas négliger la dimension essentiellement égocentrique et narcissique de cette pratique. »[3]

Celui qui prend la peine, et le mot n'est pas trop fort, de parcourir pendant quelques jours la planète des blogs de Skyrock, ne ressort pas tout à fait indemne de cette aventure. Je veux bien comprendre que les blogs des ados sont faits pour les ados, catégorie que j'ai quittée il y a déjà pas mal d'années, mais la lecture de ces pages engendre dans leur immense majorité un malaise car elle témoigne du profond désarroi de ces jeunes dont la vacuité des propos est véritablement affligeante. Je ne parle même pas ici de la forme qui, après tout, est secondaire ; que le niveau en orthographe soit extrêmement faible ou bien que l'écriture en style SMS soit pénible à lire pour celui qui n'y est pas habitué n'est

1. http://loiclemeur.com/france/2006/08/50_millions_de_.html
2. http://tchouka-ki.skyrock.com/
3. Pascal Lardellier, *op. cit.*, p. 191

au fond pas très important. Non, le pire est que le contenu est souvent vide de sens et que certains poussent le vice à le reconnaître, mais n'hésitent pas pour autant à envoyer quelques octets sur le serveur. Ainsi, la contribution de cette internaute qui poste une photo d'elle-même sur son blog et l'accompagne du message suivant est assez révélatrice :

« Ben ouai c moi!Je savai pa koi metr alor je met une tof de moi meme si c pa super a voir! »[1]

Que les ados nombrilistes aiment s'exhiber (et parfois pour les jeunes filles dans des poses et des tenues très suggestives) est après tout de leur âge, mais quand les blogs servent de défouloir à une classe entière qui prend pour tête de turc un prof de collège ou de lycée, on comprend facilement que la corporation enseignante jugent ces opérations déplacées. Quand un prof trouve sur un blog anonyme une photo, prise (volée) pendant son cours, à l'aide d'un téléphone mobile, accompagnée de propos désobligeants, il y a de quoi exiger réparation. Nous-mêmes, nos parents ou nos enfants, nous avons tous été confrontés à des profs dont les prestations pédagogiques étaient parfois peu reluisantes, mais ce n'est vraiment pas une raison pour accepter que des personnes qui exercent un métier difficile soient trainées dans la boue par des gamins qui n'ont pas le courage de signer leurs actes et qui déballent leurs insanités sur la place publique. Pourtant, quand des jeunes ont été exclus définitivement de leur établissement (ce qui signifie en fait qu'ils ont dû changer de collège ou de lycée) à la suite de propos diffamatoires sur leurs blogs à l'égard de leurs enseignants, les syndicats de lycéens ont bien entendu jugé la mesure disproportionnée et le représentant de la FCPE, cité dans un article du *Monde* du 24 mars 2005, a rejeté la responsabilité sur l'école :

« On est dans un contexte où les jeunes croient qu'on peut dire tout, qu'il n'y a pas de limite et les jeunes se jettent dessus, c'est à l'éducation nationale de remplir son rôle et d'apprendre aux jeunes à distinguer public et privé », a ajouté Georges Dupon-Lahitte, président de la FCPE, principale fédération de parents d'élèves. Selon lui, « ces exclusions sont disproportionnées », d'autant plus qu'il s'agit « d'un acte extérieur à l'école sanctionné par le règlement intérieur des établissements ».

Les amoureux de la justice trouveront sans doute équitable qu'un prof de français ait été condamné en novembre 2006 par le tribunal

1. http://les8vsgcontratak.skyrock.com/2.html

correctionnel de Grenoble à 1 000 euros d'amende (dont 500 avec sursis) pour avoir diffamé sur son blog son ancienne proviseure.

Quand trop de commentaires tuent les commentaires

Mais ce qui fait le sel d'un bon blog, ce sont ses commentaires. Malheureusement, un bon blog peut être victime de son succès et crouler sous une avalanche de commentaires. Cela a une conséquence pratique fâcheuse pour l'auteur du blog qui doit passer un temps considérable à lire tous les commentaires, en vertu du principe qu'il est responsable de ce qu'il publie sur son site. Pour bien se rendre compte de l'ampleur de la tâche, prenons un exemple significatif : Pierre Assouline publie le 9 janvier 2007, sur La république des lettres, un billet intitulé *L'affaire Wikipédia*[1] (on reconnaît là le lecteur averti de l'œuvre d'Hergé). Ce papier, composé de près de 900 mots, a donné lieu (à l'heure où j'écris ces lignes) à 473 commentaires qui s'étalent sur une période allant du 9 janvier 2007 au 7 janvier 2008 et qui totalisent plus de 60 000 mots (je vous laisse calculer le ratio entre le poids de l'article et le poids des commentaires). Si l'on est un bon lecteur, il faudra à peu près deux heures pour lire l'intégralité de ces commentaires. Comme vous avez pu le constater, certains commentaires peuvent s'étaler sur une très longue période, ce qui signifie qu'il faut valider des contributions de lecteurs concernant des messages que l'on a rédigés un an plus tôt, ce qui doit être un exercice très délicat qui doit vite tourner au pensum. Pierre Assouline reste assez discret sur cette partie de son travail et on espère pour lui qu'il sous-traite, mais dans ces conditions, ce n'est plus tout à fait son blog.

On peut aussi légitimement mettre en doute l'intérêt d'une telle masse de commentaires quand on considère leur nombre sur ce billet. N'allez également pas croire que j'aie pris cet article à dessein en raison du nombre exceptionnel de ces commentaires. Voici, par exemple, le nombre des contributions pour les billets datés du 9 janvier 2008 au 16 janvier 2008 : 570, 231, 107, 226, 259, 313, 207 et 279. Qui a le temps de lire tout cela ? Qui prend le temps de lire l'intégralité des commentaires avant de poster sa contribution ? Quelle unité peut revêtir un tel texte quand il y a autant de contributeurs dont la rédaction s'étale sur une période aussi longue ? Que retient-on une fois que l'on a lu tout cela ? Pour ce qui me concerne, pas grand-chose... On a donc une illusion de débat car chacune parle dans son coin, mais les interactions réelles sont peu nombreuses et d'une qualité médiocre, compte tenu de la difficulté de l'entreprise, eu égard à la masse des

1. http://passouline.blog.lemonde.fr/2007/01/09/laffaire-wikipedia/

informations à brasser dans une interface qui n'est pas vraiment prévue pour cela. S'il est facile de se livrer à des statistiques élémentaires comme je viens de le faire, il est en revanche dommage que l'on ne dispose pas de chiffres précis sur la lecture des commentaires (combien de commentaires sont réellement lus et par combien de personnes ? les personnes qui rédigent des commentaires lisent-elles les contributions des autres ?). On voit donc finalement bien les limites du système : on a un auteur éminemment respectable qui rédige des billets fort agréables à lire qui génèrent une myriade de commentaires dont je doute fort qu'ils soient d'une grande utilité, si ce n'est de flatter l'égo de leurs rédacteurs.

Il y a enfin un aspect dont on parle peu à propos des blogs : il s'agit de la publicité. Comme les blogueurs ne sont pas tous informaticiens, ils sous-traitent en général l'infrastructure de leur site à une société qui héberge leur blog sur une plate-forme spécialisée. Cette société ne manque pas de faire apparaître des publicités plus ou moins intrusives en face de chaque article. On ne sait pas très bien si la publicité rémunère le service d'hébergement du blog ou bien la prestation intellectuelle de l'auteur du blog, ou bien les deux à la fois. Ces choses-là sont gardées sous silence et cela nuit à l'indépendance de ton dont se targuent tous les blogueurs. Quel est le statut du blogueur ? Est-il rémunéré ou bien s'agit-il d'une activité purement bénévole ? S'il touche des subsides, qui le paye ? Avouez que tout cela n'est pas d'une totale transparence et il est assez paradoxal de voir certains blogueurs gloser à l'infini sur la liberté alors que de jolis bandeaux publicitaires ornent les pages de leur blog. Les inventeurs de l'Internet et du Web avaient pourtant des idéaux qui s'accommodaient bien mal de la propagande... Et que l'on ne me raconte pas qu'il ne s'agit là que de contingences techniques car il faut à peu près un quart d'heure à un utilisateur moyen de l'outil informatique pour créer un blog sans publicité grâce à des logiciels libres[1] !

TOUS JOURNALISTES ?

Être connecté à Internet, c'est faire partie d'un réseau qui comporte des millions de personnes avec lesquelles nous sommes virtuellement en relation. Nous avons vu comme il est facile et peu coûteux de diffuser de l'information et, dans ces conditions, il devient tentant de s'adresser

1. Un hébergement gratuit chez Free et l'utilisation du logiciel Spip font l'affaire et il ne faut pas plus de 15 minutes pour installer le tout.

à la terre entière et de devenir à son tour producteur d'information, comme tout journaliste qui se respecte. Après tout, j'ai un clavier qui me permet d'écrire et je dispose d'un téléphone mobile qui prend des photos et des vidéos ; alors, pourquoi ne pas me considérer comme un journaliste en puissance ?

C'est bien le présupposé du site AgoraVox qui proclame haut et fort sur la page qui présente son projet[1] que « nous sommes tous des capteurs d'information. En d'autres termes, tout le monde peut devenir une source d'information pour AgoraVox : les bloggeurs, les utilisateurs d'Internet, les simples citoyens, les associations, les journalistes… Notre constat de départ est simple : grâce à la démocratisation effective des NTIC et d'Internet, tout citoyen est un « capteur d'information » qui peut devenir potentiellement un « reporter » capable d'identifier et de proposer des informations à haute valeur ajoutée. »

Le problème est qu'il y a à mon avis un contresens sur le terme « information ». Les gens d'AgoraVox confondent données et information. Nous sommes des capteurs de données et certains d'entre nous sont des capteurs d'information que l'on appelle journalistes. Albert du Roy, dans son dernier ouvrage[2], qu'il qualifie de testament professionnel, prend bien soin de préciser ce concept :

« Information : encore faut-il s'entendre sur le sens d'un mot mis à toutes les sauces. Je parle quant à moi, tout simplement, de la recension de l'actualité, ce qui s'opère en trois grandes étapes. La première est le recueil des faits, la vérification des sources, leur recoupement, pour s'approcher au plus près de l'exactitude. La deuxième est la hiérarchisation de ces faits, qui détermine la place qu'on leur accordera mais entraîne aussi une sélection sévère de ceux que l'on évoquera. La troisième est la mise en forme (mise en pages, en ondes, en images, en scène) : présentation des faits, analyse des conséquences, rappel des antécédents, éventuellement commentaires éditoriaux. »

AgoraVox définit les contours de sa politique éditoriale en précisant que « tout internaute est potentiellement capable d'identifier en avant-première des informations inédites, difficilement accessibles ou volontairement cachées ». On n'est pas journaliste professionnel, mais on acquiert vite les réflexes du métier et on recherche quand même le scoop sur fond de théorie du complot. Le comité de rédaction est bien évidemment d'un nouveau type et « l'information soumise est donc

1. http://www.agoravox.fr/article.php3?id_article=61
2. *La mort de l'information*, Stock, 2007

modérée pour éviter toute dérive politique ou idéologique ». Précaution ultime qui vient clore la description du projet : « Mais au-delà des vérifications effectuées par les rédacteurs et les veilleurs, AgoraVox prône un processus d'intelligence collective pour fiabiliser les informations mises en ligne ». Mais, dites-moi, vous ne seriez pas un peu Web 2.0 ?

Bien entendu, ces initiatives d'un nouveau genre, qu'elles se nomment « média citoyen » (pour AgoraVox) ou bien « votre révolution de l'info » (pour Rue89[1]) ne sont pas à rejeter en bloc car elles participent à la pluralité des sources d'information qui est nécessaire à la bonne marche de la démocratie. Il ne faut pas cependant croire que les principes généreux qui sont à la base de ces projets de presse sont forcément les garants de l'excellence.

Il ne faut pas non plus oublier qu'Internet joue surtout à fond son rôle de média alternatif dans les pays où la démocratie n'est qu'une utopie. Les récents événements qui se sont déroulés en Birmanie ont montré qu'Internet pouvait être un outil indispensable à la manifestation de la vérité dans les pays où la presse est muselée. En l'espèce, des hommes et des femmes ont pris beaucoup de risques pour nous faire parvenir des informations. Dans ces conditions, risquer sa vie n'a plus grand-chose à voir avec le plaisir narcissique que ressent l'internaute qui souhaite publier sur un site sa vision du monde.

LECTEURS DE NOUS-MÊMES

Il est aujourd'hui devenu urgent de matérialiser sa présence sur la Toile par une production quelconque, que ce soit sur une page perso, sur un blog ou bien sur Facebook, si l'on souhaite que son existence soit socialement reconnue. Nous ne lisons plus les grands auteurs et les classiques parce que nous passons notre temps à écrire et à lire des choses futiles sur Internet dont on tente de nous persuader qu'elles sont importantes. Une société a besoin de repères communs et d'une culture commune solidement ancrée dans des valeurs qui transcendent les intérêts égocentriques de chacun. Une société n'est pas une juxtaposition de blogs où chacun exprimerait sa conception du monde. Tout le monde ne peut pas être un auteur et nous ne pouvons pas nous complaire dans la lecture de nos propres écrits ou des commentaires sur notre prose. Nous avons tous à gagner à moins écrire et à lire ou relire

1. http://www.rue89.com

les bons auteurs. Internet n'a pas besoin de la présence de chacun sur la Toile pour exister et il n'est vraiment pas certain que l'infobésité que nous engendrons soit un gage de démocratie.

7

Le copier-coller, nouvelle discipline universitaire

Dans la *Poétique*[1], Aristote écrit que l'imitation est la première forme de l'art et qu'elle constitue un penchant naturel chez l'homme :

« Le fait d'imiter est inhérent à la nature humaine dès l'enfance ; et ce qui fait différer l'homme d'avec les autres animaux, c'est qu'il en est le plus enclin à l'imitation : les premières connaissances qu'il acquiert, il les doit à l'imitation, et tout le monde goûte les imitations. »

Les collégiens, les lycéens ou les étudiants, même s'ils n'ont pas tous lu Aristote, montrent également un goût prononcé pour l'imitation, notamment dans les devoirs qu'ils rendent à leurs professeurs. La généralisation d'Internet a considérablement fait évoluer l'ancienne pratique qui consistait à recopier un extrait d'un ouvrage emprunté dans une bibliothèque ; aujourd'hui, on utilise Google pour trouver une référence intéressante et, à l'aide de la souris, on copie et on colle dans le devoir la portion de texte sélectionnée. L'élève gagne ainsi un temps précieux, même si le droit d'auteur et l'honnêteté intellectuelle en prennent un coup. Ce phénomène est devenu tellement courant que certains pédagogues s'en sont émus et militent à l'heure actuelle pour

1. http://remacle.org/bloodwolf/philosophes/Aristote/poetique.htm

que des mesures efficaces soient prises afin de lutter contre ce véritable fléau.

Après un bref rappel historique sur la notion de plagiat, nous tenterons de mesurer la réalité de cette pratique dans la communauté éducative et nous passerons en revue les différentes propositions qui sont faites pour contrecarrer cette généralisation du copier-coller.

LE CONCEPT DE PLAGIAT

Le terme plagiat vient du mot plagiaire qui apparaît au XVIe siècle où l'on parle de poètes plagiaires. Le Grand Robert indique comme synonymes de « plagiaire » contrefacteur, copiste, pillard, pilleur, pirate ou bien encore forban littéraire. Plagiaire vient lui-même du mot latin *plagiarius* dont le Gaffiot donne comme définition : « celui qui vole les esclaves d'autrui ou qui achète ou qui vend comme esclave une personne libre ». La première apparition du sens figuré de *plagiarus* est attribuée au poète Martial dans un de ses épigrammes (Livre 1, 52) :

« Je confie à tes soins, Quintianus, mes petits livres — Si toutefois, je peux encore appeler miens ces livres dont un poète de tes amis fait une lecture publique. S'ils se plaignent de leur dur statut d'esclave, porte-toi garant pour eux et donne la caution nécessaire. Et lorsque cet individu se présentera comme leur propriétaire, déclare qu'ils sont à moi et que je les ai affranchis. Quand tu l'auras proclamé trois ou quatre fois, tu ramèneras à la pudeur ce plagiaire. »

D'après le *Grand Robert*, Voltaire[1] invente le mot plagiat en 1735 en faisant implicitement référence au sens premier de *plagiarius* :

« Le plagiat, c'est-à-dire la vente d'un enfant volé serait aussi peu poursuivi qu'il est rare dans l'Europe chrétienne. À l'égard du plagiat des auteurs, il est si commun qu'on ne peut le poursuivre. »

Toujours instructif, le Grand Robert nous indique que l'antonyme de plagiat est création… mais donne également une citation de Giraudoux[2] qui ravira les tenants de l'intertextualité :

« Le plagiat est la base de toutes les littératures, excepté de la première, qui d'ailleurs est inconnue. »

1. Politique et Législation, Prix de la justice et de l'humanité
2. Siegfried et le Limousin, I, 6

Le plagiat est donc un vol littéraire dont la faute est double : elle est d'abord intellectuelle car il est malhonnête de s'attribuer le mérite d'un texte que l'on n'a pas écrit ; de plus, en pillant l'œuvre d'un auteur, on spolie ses droits moraux et patrimoniaux. Le plagiat peut prendre de nombreuses formes : cela va de la simple citation sans guillemets à la recopie servile de paragraphes entiers en passant par l'emprunt de la trame d'une histoire. Pourtant, il n'est pas interdit de s'inspirer des idées des autres (comme le dit Fichte, « les idées par essence et par destination sont de libre parcours ») et la littérature se nourrit d'emprunts[1], notamment à des textes fondateurs. Il est également parfaitement autorisé de citer un extrait d'une œuvre et nous allons rappeler les règles en la matière.

LE DROIT DE CITATION

La Directive 2001/29/CE du Parlement européen et du Conseil du 22 mai 2001 sur l'harmonisation de certains aspects du droit d'auteur et des droits voisins dans la société de l'information qui a été transcrite dans la loi du DADVSI du 1er août 2006 traite du problème juridique des citations dans son considérant 34 et son article 5 :

« Les États membres ont la faculté de prévoir des exceptions ou limitations aux droits prévus aux articles 2 et 3 dans les cas suivants : lorsqu'il s'agit de citations faites, par exemple, à des fins de critique ou de revue, pour autant qu'elles concernent une œuvre ou un autre objet protégé ayant déjà été licitement mis à la disposition du public, que, à moins que cela ne s'avère impossible, la source, y compris le nom de l'auteur, soit indiquée et qu'elles soient faites conformément aux bons usages et dans la mesure justifiée par le but poursuivi. »

La directive européenne ayant été transcrite en droit national, ce sont les articles L 122-5 et L 211-3 du Code de la propriété intellectuelle qui décrivent le droit de la citation :

« Lorsque l'œuvre a été divulguée, l'auteur ne peut interdire, sous réserve que soient indiqués clairement le nom de l'auteur et la source : les analyses et courtes citations justifiées par le caractère critique, polémique, pédagogique, scientifique ou d'information de l'œuvre à laquelle elles sont incorporées. »

1. On pourra lire sur le sujet l'excellent ouvrage de Gérard Genette, *Palimpsestes, la littérature au second degré*, Seuil, 1992

Malheureusement, le Code de la propriété intellectuelle ne définit pas exactement ce qu'est une courte citation et c'est donc à la justice d'apprécier, au cas par cas, la licéité d'une citation. On peut néanmoins borner le droit de la citation par quelques conditions tirées de la loi elle-même, ainsi que de la jurisprudence.

La loi exige tout d'abord que l'œuvre ait été divulguée au public et que le droit de paternité de l'auteur soit respecté. Il est donc impératif que le nom de l'auteur et la référence du document soient clairement identifiés. Pour que la citation apparaisse très clairement au sein de l'œuvre qui cite, il est nécessaire d'utiliser des signes distinctifs, par exemple des guillemets ou l'italique dans le cas d'un texte. Notons cependant que quand il s'agit d'un autre média, par exemple la vidéo, le problème de la distinction de l'œuvre originale par rapport à l'œuvre citée peut être plus délicat. La citation ne doit pas porter atteinte au droit moral de l'auteur en ce sens où elle doit être exactement reproduite et ne pas être présentée d'une manière qui ne correspondrait pas à la visée originale de l'auteur ; ainsi, une citation tronquée ou bien sortie de son contexte afin de lui faire dire autre chose que ce que l'auteur visait, serait contraire aux règles du droit d'auteur et par conséquent condamnable.

Une autre exigence en matière de citation concerne la brièveté ; même si la directive européenne ne mentionne pas ce critère, le code de la propriété intellectuelle est plus précis dans la mesure où il parle de courte citation. Pour autant, la loi n'impose aucune limite précise et c'est donc au juge d'interpréter la loi en cas de conflit. Il se dégage de la jurisprudence que la citation doit être proportionnellement courte par rapport à l'œuvre citée, mais également par rapport à l'œuvre citante. Ainsi, le fait de citer la moitié d'une œuvre, même si elle est extrêmement courte (un poème, une chanson, etc.) n'est pas convenable. De la même manière, si le poids des citations à l'intérieur d'une œuvre est trop important, le juge pourra également condamner. En fait, il faut retenir de tout cela qu'une citation ne sert qu'à illustrer un propos, une thèse et elle ne doit pas sortir de cette finalité.

Un internaute, adepte de la combinatoire et de Raymond Queneau, avait écrit pour son site Web une application amusante où s'affichait, de manière aléatoire, l'un des cent mille milliards de poèmes. Rappelons le principe de cette œuvre où Queneau a écrit dix sonnets (14 vers) dont chaque vers est interchangeable, ce qui permet d'obtenir, par le jeu de la combinatoire, cent mille milliards de poèmes (10^{14}), d'où le titre de l'œuvre. L'éditeur de l'œuvre a peu goûté cette fantaisie que pourtant Queneau n'aurait certainement pas reniée, (mais ceci est une autre histoire...), et a donc porté l'affaire devant la justice. L'avocat du créateur de ce générateur de poèmes a cru bon de plaider le droit de citation puisqu'il ne proposait qu'un seul poème parmi cent mille milliards, ce qui constituait en l'espèce une courte citation. Malheureusement, le tribunal[1] n'a pas suivi cette argumentation et a considéré que « le poème visualisé par le visiteur n'est pas destiné à être incorporé à une autre œuvre à laquelle il apporterait un élément pédagogique, scientifique ou d'information » et que « le procédé employé autorise, dans l'absolu, la reconstitution intégrale de l'œuvre par rapprochement de "citations successives", cette reconstitution étant incompatible avec la notion de courte citation. »

Même si l'on ne peut que regretter en l'espèce la décision de l'éditeur d'ester en justice (mais si l'internaute avait demandé la permission, il en aurait peut-être été tout autrement), cette jurisprudence éclaire bien l'usage qui peut être fait des citations.

Plagiat et droit d'auteur

On entend parfois qu'un auteur a été condamné pour plagiat, mais c'est une impropriété car ce terme n'est pas une notion juridique ; en effet, vous ne trouverez nulle part dans le Code de la propriété intellectuelle le mot « plagiat » et si un auteur doit être condamné parce qu'il a copié un de ses confrères, ce sera parce qu'il a commis ce que les juristes appellent un *acte de contrefaçon*. C'est d'ailleurs aussi sous ce terme que l'on désigne l'activité qui consiste à télécharger illégalement de la musique ou de la vidéo sur Internet. Reconnaissons qu'il y a une certaine logique à cela dans la mesure où dans tous ces cas on utilise une œuvre sans y être autorisé. Il y a cependant dans le plagiat une dimension supplémentaire qui relève plus de la faute morale qu'autre chose, étant donné que l'on s'approprie le génie de quelqu'un sans le citer.

Nous avons pu constater dans les chapitres 2 et 5 que les adolescents, par le biais des logiciels de P2P, ne répugnaient pas à faire œuvre de contrefaçon, puisqu'il faut bien appeler ce délit par ce nom, tant que la loi DADVSI n'aura pas été modifiée. Les ados ayant parfaitement intégré le concept de convergence numérique, ils ne se limitent pas à la piraterie de la musique ou de la vidéo, et ils font main basse sur toutes les ressources textuelles disponibles en grand nombre sur le Web dès qu'il s'agit de rendre à leurs professeurs un dossier, une dissertation ou un mémoire. Depuis quelques années, ce phénomène a pris une telle ampleur qu'il convient réellement de s'en inquiéter.

1. http://www.juriscom.net/jpc/visu.php?ID=213

LE PLAGIAT CHEZ LES LYCÉENS ET LES ÉTUDIANTS

Tous les lycéens et les étudiants de ma génération, s'ils sont de bonne foi, reconnaissent que leurs dissertations étaient parfois agrémentées d'extraits d'ouvrages dont la délimitation par des guillemets n'était pas toujours très rigoureuse. Je confesse également que lorsque l'urgence m'interdisait d'aller en bibliothèque, il m'arrivait d'inventer des citations, mais ceci n'est pas du plagiat. Sans vouloir pour autant justifier la légèreté de nos conduites, ces emprunts nécessitaient quand même un certain travail de recherche et de réflexion, vertus qui sont aujourd'hui devenues superflues grâce à la magie du numérique. En effet, voici grosso modo comment se passe de nos jours la constitution d'un dossier par un lycéen lambda : on lance Google, on saisit le sujet dans la fenêtre de recherche, on clique dans la liste des résultats sur le lien renvoyant vers la page de Wikipédia, on copie, on colle, on imprime et le tour est joué ! Le pire est que je schématise à peine et que tous les enseignants que vous interrogerez sur ce sujet-là feront le même constat que moi. En fait, il existe des alternatives au couple maudit Google-Wikipédia ; les plus fortunés peuvent en effet se connecter au site Oboulo[1] où ils trouveront plus de 30 000 documents à acheter pour faire leur exposé, leur dissertation, leur fiche de lecture, leur commentaire d'arrêt, etc. La société Oboulo.com, qui existe depuis 1999, explique sur son site Web son « concept » : elle propose « à tout internaute :

- de publier, après validation par un comité d'experts, tout document contenant du texte et/ou des images (modèle de contrat, étude de marché, mémoire, thèse, etc.) ;

- de vendre à d'autres internautes ces mêmes documents en format numérisé et en téléchargement immédiat. »

Les deux dirigeants de cette noble entreprise prétendent être diplômés de Sciences Po Paris et que leurs auteurs sont recrutés parmi des « professeurs, chercheurs, avocats, notaires, journalistes, étudiants des meilleures écoles françaises ». Je n'ose imaginer le cas de conscience d'un professeur à qui un élève remettrait un devoir acheté sur Oboulo dont il serait l'auteur. Ironie suprême : Oboulo est très respectueuse du droit d'auteur et prend bien soin dans ces conditions générales d'utilisation de préciser les obligations qui incombent aux auteurs :

1. http://www.oboulo.com/

« Les Utilisateurs qui souhaitent publier des contributions (« Contributions ») sur le Site s'engagent à respecter les droits de propriété intellectuelle des Tiers. À ce titre, ils s'engagent à ne soumettre au Comité de lecture que les travaux dont ils sont les auteurs. »

L'ampleur du phénomène de plagiat chez les étudiants et les lycéens est très difficile à quantifier car aucune étude sérieuse et d'envergure n'a été faite sur le sujet. Nous disposons cependant de nombreux témoignages. Marie-Estelle Pech, dans un article du *Figaro* du 24 avril 2006[1], intitulé *Les ravages du plagiat sur Internet*, nous livre ainsi une confession édifiante :

« À 17 ans, Agathe est inscrite en terminale L dans un lycée parisien public réputé. Selon cette jeune fille aux boucles brunes qui se destine à Sciences-po ou à une prépa littéraire, la pratique du plagiat électronique est « massive » dans sa classe et celles de ses amis. Au point que certains se demandent parfois le matin « à quoi bon aller en cours puisqu'on trouve tout sur Internet ». Il lui est devenu très naturel de surfer lorsqu'elle n'a « pas le temps » ou « trop de pression » pour réaliser un devoir, explique-t-elle. »

Certaines universités françaises commencent tout juste à prendre la mesure du problème, alors que ce fléau est déjà étudié et pris en compte depuis le début des années 2000 dans les pays anglo-saxons et aux États-Unis notamment[2]. Dans ces pays, il existe de nombreux logiciels de détection du plagiat ainsi que des études comparatives[3] de ces programmes dont l'utilisation est quasi systématique à l'université.

Plus près de chez nous, en Suisse, Michelle Bergadaà qui est professeur de marketing et communication à HEC Genève, mène depuis 2004 une croisade contre le plagiat. Elle est intervenue sur ce sujet dans plusieurs émissions à la télévision et anime un site extrêmement bien documenté qui s'intitule « Internet : Fraude et déontologie selon les acteurs universitaires »[4]. Elle y affiche clairement la couleur en annonçant :

1. www.lefigaro.fr/france/20060424.FIG000000188_les_ravages_du_plagiat_sur_le_net.html
2. http://facpub.stjohns.edu/~roigm/plagiarism/
3. http://www.claremontmckenna.edu/writing/Examining%20Anti.htm
http://www.oucs.ox.ac.uk/ltg/reports/plag.xml
http://www.ics.heacademy.ac.uk/events/presentations/317_Culwin.pdf
4. http://responsable.unige.ch/index.php

« Ce site est dédié à tous les professeurs, assistants et étudiants qui refusent de fermer les yeux sur la fraude pratiquée via Internet et le plagiat des mémoires et des thèses. »

Le propos est brutal, mais il énonce malheureusement une triste réalité qui s'applique notamment à la France, où ce problème a été pendant si longtemps ignoré que l'on ne peut s'empêcher de penser qu'il existe une volonté manifeste de l'occulter. Pourquoi ce phénomène est-il dénoncé par si peu d'enseignants français ? À quoi attribuer cette loi du silence ? Pourquoi les moyens techniques et juridiques de lutte contre le plagiat sont si peu employés dans les universités françaises ? En 2006, j'avais commencé à m'intéresser à ce problème et j'avais effectué une expérience toute simple ; se rendre sur la page d'accueil du site Web d'une vingtaine d'universités françaises et saisir le terme « plagiat » dans le moteur de recherche du site. Sur la vingtaine d'universités interrogées, pas une seule n'incluait un document traitant du plagiat dans les travaux des étudiants...

Les seules études[1] d'envergure sur le plagiat chez les étudiants français ont été menées à l'initiative d'établissements d'enseignement supérieur de la région Rhône-Alpes et de la société SIX DEGRES qui édite l'outil Compilatio.net qui est défini comme un logiciel de veille et de détection de plagiat sur Internet... On aurait apprécié que ces études soient un peu plus indépendantes et n'impliquent pas un éditeur de logiciels qui a intérêt à maximaliser l'ampleur du plagiat, mais comme ces enquêtes reflètent peu ou prou le sentiment général que l'on a du phénomène et comme les chiffres indiqués sont corroborés par les études étrangères, on s'en contentera dans l'immédiat.

La première enquête parue en février 2006 se fixe pour objectif d'observer le rôle que joue Internet comme source de documentation chez les étudiants. Elle permet de comparer les comportements déclarés par les étudiants avec l'opinion a priori qu'en ont leurs enseignants, notamment sur la question du plagiat sur Internet.

Cette étude a été menée entre octobre et décembre 2005 auprès de 1 200 étudiants et enseignants issus plus particulièrement de grandes écoles. Passons en revue les principaux chiffres de cette enquête :

- Tous les étudiants utilisent Internet pour se documenter quand seulement un étudiant sur deux se rend encore en bibliothèque.
- Trois étudiants sur quatre (77 %) déclarent avoir recours au copier-coller.

1. http://www.compilatio.net/enquete.php

- Trois travaux sur quatre (73,7 %) contiennent au moins un passage copié à l'identique sur Internet.
- Sept étudiants sur dix (69,8 %) pensent qu'un devoir type contient au moins 1/4 de textes recopiés sur Internet.
- Parmi ceux qui incluent au moins 25 % de copier-coller dans leurs devoirs, trois étudiants sur cinq (61,3 %) considèrent avoir « rarement » recours au copier-coller.

Il est clair qu'aujourd'hui Internet est devenu la principale source de documentation des étudiants et les enseignants doivent combattre un mythe tenace : toute la connaissance du monde se trouve sur Internet. L'étude indique que seul un étudiant sur deux se rend en bibliothèque, mais les statistiques nationales indiquent des chiffres légèrement différents (59 %). On pourrait d'ailleurs penser qu'il y a une corrélation entre la désaffection des bibliothèques et l'augmentation du nombre d'accès à Internet dans la population étudiante, mais rien ne permet de vraiment corroborer cette assertion car les chiffres de fréquentation des BU sont restés stables de 1999 à 2005. Il faut en fait véritablement s'interroger sur le fait que quatre étudiants sur dix ne fréquentent pas un lieu qui apparaît comme essentiel pour la réussite des études universitaires. Ce désamour des bibliothèques par les étudiants est d'autant plus regrettable que les BU ont fait d'énormes investissements en matière d'abonnement à des revues électroniques qui offrent une excellente documentation à tous les étudiants qui sont devenus réfractaires au papier.

Les chiffres concernant l'étendue du plagiat sont bien évidemment impressionnants, mais ils sont malheureusement impossibles à vérifier. Tout ce que l'on peut dire, c'est que de nombreux enseignants nous ont déjà fait part de ce problème et qu'il ne s'agit absolument pas d'un mythe ni d'un fantasme. D'ailleurs, une statistique extraite d'une enquête[1] réalisée sur une centaine d'enseignants de l'université de Lyon confirme cette intuition. À la question « Avez-vous déjà été confronté au phénomène du copier-coller dans les travaux de vos étudiants ? », 90 % répondent par l'affirmative.

Pour ce qui me concerne, ma dernière découverte en la matière a été faite dans un dossier rendu par un groupe d'étudiants en Master 2 (Bac +5) dans un enseignement où avaient notamment été dispensées une dizaine d'heures de cours sur le droit d'auteur…

---

1. http://www.compilatio.net/files/sixdegres-univ-lyon_enquete-plagiat_sept07.pdf

Quand on interroge les étudiants sur ce qui les motive à tricher de la sorte, ils avancent tout d'abord la facilité. Reconnaissons qu'il est effectivement tentant, dans la mesure où tous les travaux universitaires sont aujourd'hui réalisés avec un ordinateur, de pratiquer le copier-coller qui permet dans certains cas de produire un nombre de pages considérables en quelques clics de souris. À la facilité s'ajoute l'abondance de l'offre tant gratuite que payante. Même si, nous ne le répéterons jamais assez, on ne trouve pas tout sur Internet, il commence à y avoir une quantité impressionnante de documents de grande qualité. Pour finir, les étudiants justifient leur forfait par un relatif sentiment d'impunité, le fait que cette pratique est généralisée et finalement l'impression qu'agir de la sorte ne relève pas de la malhonnêteté intellectuelle. Que des étudiants fassent preuve de cynisme en pensant qu'ils ne prennent pas un grand risque à plagier est déjà inquiétant, mais qu'un certain nombre considère que copier fait partie des règles du jeu universitaire indique bien que nous avons raté quelque chose dans leur éducation intellectuelle. À leur décharge, on constate assez fréquemment en regardant l'actualité que le manque de probité n'empêche pas de réussir sa vie sociale et parfois d'accéder à des postes de responsabilité très importants. Alors, pourquoi se gêneraient-ils finalement ? Certains enseignants ne font pas preuve eux-mêmes d'un respect infini du droit d'auteur et, par exemple, distribuent à tour de bras à leurs étudiants des photocopies de documents dont ils ne sont pas les auteurs, sans pour autant identifier les œuvres reproduites afin que le Centre français d'exploitation du droit de copie[1] puisse rétribuer les ayants-droit.

LES FAUSSES BONNES SOLUTIONS DES PROFS

Les profs, quand ils sont conscients du phénomène, commencent à réagir, mais pas toujours de manière appropriée, comme nous allons le voir. Le premier problème réside quand même dans le fait qu'un certain nombre d'enseignants ne détectent pas la tricherie. Pourtant, je puis vous assurer que l'on n'a même pas besoin d'un moteur de recherche ou d'un logiciel de détection de plagiat pour se rendre compte de la tricherie d'un étudiant. La plupart du temps, il suffit tout simplement de bien connaître son niveau et quand sa prestation intellectuelle dépasse très largement son niveau réel, il y a une suspicion légitime de fraude. Cela est encore plus facile pour les collègues qui

1. http://www.cfcopies.com/V2/

enseignent une langue étrangère car quand, dans un devoir écrit dans une syntaxe approximative, le prof découvre une portion de texte impeccable et sans aucune faute, il serait naïf de croire au miracle. Le flair est finalement le meilleur outil de détection du plagiat de l'enseignant qui connaît bien ses élèves et une vérification rapide avec l'outil qu'utilisent les fraudeurs (en l'occurrence Google[1]) permettra de confirmer les doutes.

Quand les profs découvrent enfin que certains étudiants ne jouent pas le jeu, bien souvent, le premier réflexe n'est pas de sévir, mais de supprimer la source du problème. Ainsi, de nombreux profs de lycée refusent désormais de donner des devoirs à la maison, sous le prétexte qu'il y a trop de copier-coller dans les travaux de leurs élèves. On admettra aisément qu'en l'occurrence on ne soigne pas la cause du problème, mais que l'on tente de le contourner, tout en allégeant sa charge de travail.

D'autres enseignants ont des méthodes encore plus radicales et Marie-Estelle Pech, dans l'article du *Figaro* que nous avons déjà mentionné, signale le cas d'une prof qui « enseigne le français dans un collège de l'Essonne où la documentaliste n'autorise pas les élèves à imprimer des documents qu'ils consultent au CDI. Ils sont obligés de les recopier à la main, et donc de les lire ! « Un premier pas vers davantage de réflexion », pense la jeune enseignante ». Que la documentaliste soit une adepte du développement durable et lutte à sa manière contre la déforestation est une excellente chose (même si le gain en papier reste à démontrer), mais il peut paraître un peu étrange, quand on a étudié la psychologie cognitive, d'assimiler la recopie d'un texte à sa lecture et, franchement étonnant de considérer la copie comme un acte réflexif.

Il serait tout aussi imprudent d'avoir une confiance aveugle dans les outils de détection automatique du plagiat. Certaines universités de la région lyonnaise se sont en effet dotées du logiciel Compilatio.net et commencent à l'utiliser. Dans certains cas, les étudiants déposent leur document électronique sur un serveur qui analyse automatiquement le document et fournit une statistique censée donner le pourcentage d'éléments recopiés. Le logiciel identifie trois seuils : moins de 10 % (couleur verte, tout va bien), entre 10 et 35 % (couleur orange) et plus de 35 % (couleur rouge : rien ne va plus). Outre le fait que l'on pour-

1. Il est d'ailleurs savoureux que pour détecter le plagiat le prof soit obligé d'utiliser la fonction de recherche exacte qui s'effectue en encadrant la chaîne de caractères recherchée avec des guillemets, signes typographiques que l'étudiant a justement omis...

rait discuter de la pertinence du seuil de 35 % qui paraît extrêmement élevé (rappelons que ce logiciel détecte les similitudes entre le document analysé et l'ensemble des sources disponibles sur Internet ainsi que les documents qu'il a déjà analysés par le passé), il convient toujours de regarder de près l'analyse effectuée par le logiciel, comme l'anecdote suivante le prouve. J'ai vu arriver un jour ma fille la mine déconfite parce que le devoir qu'elle avait soumis à Compilatio.net avait été classé dans la zone orange. Certes, il était à la limite de la zone verte, mais quand même en zone orange. Nous avons alors examiné l'objet du délit et constaté avec étonnement que des collocations extrêmement courantes en français, comme « je ne manque jamais une occasion de » ou bien encore « il ne faut pas être avare de son temps » étaient considérées comme des emprunts. Si l'on rajoute à cela que Compilatio.net comptabilise les citations dûment identifiées en tant que telles comme des sources rentrant en compte dans le calcul du taux de plagiat, on est en droit de considérer ce logiciel comme un auxiliaire, et non pas comme un outil miraculeux. Dans tous les cas, il convient de vérifier l'analyse automatique afin de bien différencier ce qui relève du plagiat d'une utilisation légitime des sources.

REMÈDES CONTRE CE FLÉAU

Si toute la communauté enseignante s'accorde à penser que le copier-coller est une pratique qui se situe aux antipodes de la rigueur intellectuelle que l'école est chargée d'apprendre aux élèves, les profs ne sont pas tous d'accord sur les moyens de lutter contre ce fléau. Certains pensent qu'il est préférable d'éduquer plutôt que de combattre. Il faut donc apprendre aux élèves à utiliser les sources de manière intelligente, à employer un moteur de recherche à bon escient et à respecter le travail des auteurs. C'est notamment l'opinion de certains enseignants[1] du TECFA de l'université de Genève qui proposent des pistes et des travaux pratiques autour de cette thématique. Des universités commencent à communiquer sur le sujet et on trouve sur certains sites Web des informations qui ont au moins le mérite de poser le problème (par exemple l'université de la Sorbonne, Paris IV[2]).

Nous pensons pour notre part qu'il est urgent de combattre activement et sur tous les fronts ce que nous considérons comme un problème majeur de l'enseignement. Une des priorités est vraiment de

1. http://tecfa.unige.ch/perso/lombardf/CPTIC/plagiat-enseignement/
2. http://www.paris-sorbonne.fr/fr/article.php3?id_article=4752

prendre la mesure de l'ampleur du phénomène et il convient donc de mener plusieurs études indépendantes. Ce travail est facilité par le fait que l'on dispose depuis quelques années de tous les travaux des étudiants dans un format électronique, certaines universités subordonnant même la soutenance de la thèse à un dépôt électronique. Il y a donc une abondance de ressources électroniques que l'on peut passer au crible d'outils de détection de plagiat. Même s'il y a un véritable tabou sur la question, il ne faut pas hésiter à expertiser des travaux (mémoires de master ou thèses) qui ont déjà été soutenus, quitte à s'apercevoir que l'on a accordé des diplômes à des tricheurs. Si l'on veut dissiper le malaise, il ne faut pas pratiquer l'omerta et faire toute la lumière sur cette question douloureuse. Bien entendu, on ne peut pas se contenter d'un seul outil pour évaluer le plagiat et des programmes de recherche doivent être lancés pour améliorer les outils ou en créer de nouveaux.

La formation des étudiants, bien évidemment, ne doit pas être oubliée et il convient de leur enseigner la déontologie de la recherche, le droit d'auteur ainsi que les normes de citation de références (norme ISO 690-2 de février 1998). Tous les enseignants doivent aussi être sensibilisés au problème et ils doivent apprendre à détecter facilement le plagiat dans les travaux de leurs étudiants.

Il faut enfin légiférer sur cette question et faire en sorte que chaque règlement de scolarité indique très clairement les sanctions qui sont encourues en cas de plagiat et ne pas hésiter à appliquer le règlement. Les étudiants doivent aussi être parfaitement conscients de ce qu'ils risquent quand ils fraudent et il faut les informer de l'utilisation systématique d'outils de détection de plagiat.

Ce n'est que grâce à une démarche volontariste et globale, acceptée et initiée par les plus hautes instances politiques, que nous réussirons à nous débarrasser de ce fléau qui menace une bonne partie du système éducatif. Si nous nous résignons à accepter l'idée que nous ne devons plus apprendre à la jeunesse à penser par elle-même, nous courons à notre perte.

8

L'illusion pédagogique des « TICE »

Je suis entré en micro-informatique il y a 25 ans, par le biais de ce que l'on appelait à l'époque l'EAO (enseignement assisté par ordinateur). Jeune instituteur, je me suis lancé dans la programmation pour créer des logiciels éducatifs, et notamment des outils d'aide à l'apprentissage de la lecture. Une vingtaine d'années plus tard, on ne parle plus d'EAO, mais malgré la loi Toubon, d'e-learning et chaque université qui se respecte possède un service ou une mission TICE (technologies de l'information et de la communication pour l'enseignement).

Qu'on les désigne sous l'appellation de TIC (technologies de l'information et de la communication), de NTIC pour en signaler le caractère révolutionnaire (le N de NTIC signifie nouvelles) ou bien encore de TICE, ces fameuses technologies ont envahi notre société et, avec un certain temps de retard, la sphère éducative. Il est délicat d'avoir un discours généraliste sur les TICE car ces technologies regroupent toute une série de réalités extrêmement disparates qui vont de la publication de cours en ligne, au travail collaboratif dans un ENT (environnement numérique de travail), en passant par l'apprentissage du traitement de texte. Quoi qu'il en soit, il y a désormais un large consensus dans la communauté éducative pour admettre que l'usage des TICE va de soi et que leur apprentissage fait désormais partie des missions fondamentales de l'école.

Cet engagement a d'ailleurs été concrétisé dans la loi d'orientation et de programme pour l'avenir de l'école du 23 avril 2005[1] qui a institué le concept de « socle commun » ; la loi nous précise que ce socle est « constitué d'un ensemble de connaissances et de compétences qu'il est indispensable de maîtriser pour accomplir avec succès sa scolarité, poursuivre sa formation, construire son avenir personnel et professionnel et réussir sa vie en société ». De manière assez cyclique, les ministres en charge de l'école nous rappellent à l'ordre et assènent avec force qu'il faut revenir aux fondamentaux dont nous n'aurions jamais dû nous éloigner : lire, écrire et compter. Le texte de loi rajoute cependant quelques éléments à cette liste et notamment :

- une culture humaniste et scientifique permettant le libre exercice de la citoyenneté ;
- la pratique d'au moins une langue vivante étrangère ;
- la maîtrise des techniques usuelles de l'information et de la communication.

Les TIC font donc désormais partie du bagage intellectuel que tout petit Français devra acquérir s'il veut devenir un honnête homme. Dans le droit fil de cette logique, le brevet informatique et Internet (B2i) doit aujourd'hui être validé pour que les collégiens puissent obtenir le brevet des collèges qui est finalement le premier examen auxquels les élèves sont confrontés.

Visiblement, l'inclusion de la maîtrise des TIC dans le socle commun est passée comme une lettre à la poste et n'a posé aucun problème. D'ailleurs, Jacques Baudé, le président d'honneur de l'EPI (enseignement public et informatique), association qui milite depuis longtemps pour la prise en compte de l'informatique dans l'éducation, le reconnaît lui-même[2] :

« On peut s'étonner qu'aucune voix discordante ne se soit élevée au cours des multiples débats qui ont accompagné la mise en place de cette loi. »

Cela signifie que nous sommes tellement conditionnés et tellement imprégnés de cette utopie technologique que nous ne prenons même plus la peine de discuter du bien fondé d'une telle mesure. Car le fond du problème est bien là : nous subissons l'usage des nouvelles technologies comme s'il s'agissait d'une fatalité. Nous employons ces nouvelles

1. http://www.legifrance.gouv.fr/affichTexte.do?cidTexte=JORFTEXT000000259787&dateTexte=
2. http://www.wikio.fr/article=15278724

technologies sans nous poser véritablement de questions. Était-il vraiment opportun d'englober les TIC dans le socle commun ? Quelles sont les raisons philosophiques et pédagogiques qui motivent une telle décision ? Il est d'ailleurs assez significatif de constater que le Haut Conseil de l'Éducation dans ses recommandations[1] sur le socle commun de compétences est resté plutôt sec sur le sujet. Sur les douze pages du document, voici le seul passage consacré aux TIC :

« Selon le cadre européen, « *la culture numérique implique l'usage sûr et critique des technologies de la société de l'information* ». Le B2i (brevet informatique et Internet), en cours de mise en place dans notre système éducatif, correspond à la logique du socle : il a été conçu comme une attestation de compétences transdisciplinaires, comportant trois niveaux (B2i école, B2i collège, B2i lycée). On s'en tiendra aux deux premiers niveaux pour le socle. »

Si l'on voulait schématiser la situation, on pourrait dire que tout le monde est d'accord pour enseigner la maîtrise des TIC à l'école, mais que personne ne sait réellement pourquoi. Même si je participe moi-même à l'aventure des TICE, je persiste à croire que nous ne devons pas abandonner notre pouvoir de questionnement et nous méfier au plus haut point des idées reçues qui sont établies sans aucune discussion ni débat contradictoire. Pour reprendre une des compétences du socle commun, si nous voulons exercer librement notre citoyenneté, nous devons nous « réveiller de ce sommeil dogmatique » et refuser ces vérités officielles. Trop souvent dans ce domaine, nous sommes mis devant le fait accompli et sommés d'adopter au plus vite la nouvelle génération de technologies sans que nous ayons au moins pris la peine d'évaluer les effets de la précédente. Cette fuite en avant n'est pas sans rappeler les erreurs du plan IPT (informatique pour tous) du début des années 1980 dont les mauvaises langues prétendaient qu'il avait avant tout servi à renflouer les caisses de Thomson, grand pourvoyeur de micro-ordinateurs (MO5 et TO7) dans les écoles. L'innovation pédagogique n'a pas à subir les cadences infernales du renouvellement des gammes des machines du parc informatique car les processus cognitifs transcendent les architectures matérielles et logicielles. Comme nous le verrons tout à l'heure, on a la très nette impression qu'un certain nombre de services TICE courent à perdre haleine après les soubresauts de l'industrie informatique sans se poser de véritables questions sur la finalité pédagogique de toutes ces technologies.

1. http://www.hce.education.fr/gallery_files/site/19/26.pdf

La première interrogation consiste en fait à se demander si ces technologies existent vraiment. Yves Jeanneret s'attelle à cette tâche dans un ouvrage fort stimulant et au titre provocateur[1], où il critique de manière radicale ce concept. L'auteur constate que l'idéologie de la cyberculture s'est un peu usée au fil des ans et qu'un certain nombre de chercheurs ont tenté de passer les technologies de l'information au crible, mais il regrette que la mise en perspective réalisée par les intellectuels n'ait finalement pas eu le succès qu'elle méritait :

« On aurait tort de penser pour autant que la fascination naïve a fait place à une évaluation sereine de ces changements. En effet, pour cela, il faudrait que les savoirs qui permettent une telle analyse se soient réellement diffusés. Ce qui n'est nullement le cas. »

Pour étayer son propos, Yves Jeanneret prend notamment deux exemples : la tenue du Sommet mondial sur la société de l'information[2] (en soulignant fort justement la bizarrerie d'une telle dénomination dans la mesure où toutes les sociétés sont des sociétés de l'information) et le Web 2.0 (voir le chapitre 4).

L'appropriation des nouvelles technologies ne passe pas uniquement par l'acquisition de modes opératoires, mais également par une critique des fondements mêmes de ces technologies. De la même manière, toute innovation pédagogique impliquant les TIC devrait se dérouler dans un cadre bien balisé et être soumise à une évaluation indépendante. Comme nous allons le voir, ces sains principes ne sont malheureusement pas toujours mis en œuvre et on assiste parfois à des expérimentations pour le moins étonnantes.

LE BALADEUR DES GENS HEUREUX

Certaines universités, sans doute pour redorer leur blason ou mieux appâter leur cœur de cible, se sont lancées dans des entreprises révolutionnaires qui consistent à enregistrer les cours des enseignants pour les mettre à la disposition de leurs étudiants. Ce qui pourrait apparaître de prime abord comme une initiative louable laisse au bout du compte un goût amer avec de forts relents de démagogie.

1. *Y a-t-il (vraiment) des technologies de l'information ?*, Presses Universitaires du Septentrion, 2007
2. http://www.itu.int/wsis/index-fr.html

Baptisée podcasting, cette technologie est définie de la manière suivante sur le site Web[1] de l'université Lyon 2 qui propose ce service à ses étudiants :

« Le podcasting (terme d'origine anglaise contraction de iPod et de Broadcasting) est un moyen habituellement gratuit de diffusion de fichiers sonores ou vidéo sur Internet que l'on nomme podcasts en anglais. »

Les amoureux de la langue française tentent d'imposer le terme baladodiffusion[2] à la place de podcasting, mais il est vrai que cette dénomination a le désavantage de diluer la référence implicite à la marque iPod, dont la société Apple est propriétaire.

Le plus étonnant reste quand même la manière dont on vend cette innovation aux étudiants :

« L'objectif pédagogique est d'éviter aux étudiants le stress de la prise de notes afin de leur permettre de se concentrer sur le discours de l'enseignant et de participer plus activement aux cours[3]. »

Oui, vous avez bien lu : la prise de notes est stressante ! On croit à un canular, mais la page Web n'étant pas datée du 1er avril, on pense alors à une faute de frappe. Malheureusement, après plusieurs vérifications[4], il semble que cet argumentaire soit bien le message que cette grande université de sciences humaines ait voulu faire passer.

Pris d'un ultime doute, on se jette sur un dictionnaire et l'on regarde le sens du mot stress : le Grand Robert nous donne deux significations à ce terme apparu en 1950 dans notre langue :

« Réponse de l'organisme aux facteurs d'agression physiologiques et psychologiques ainsi qu'aux émotions (agréables ou désagréables) qui nécessitent une adaptation (élément de la théorie du syndrome général d'adaptation) » et dans un sens plus courant : « Action brutale sur un organisme (choc infectieux ou chirurgical, décharge électrique, traumatisme psychique) ».

Si les mots ont encore un sens, on comprend alors que la prise de notes est vécue par l'étudiant comme une agression ou une action brutale. Dans ces conditions, il faut peut-être très vite apprendre aux étu-

1. http://www.univ-lyon2.fr/1152688787675/0/fiche___actualite/
2. http://www.educnet.education.fr/dossier/baladodiffusion/usages3.htm
3. http://etu.univ-lyon2.fr/1148043378748/0/fiche___article/
4. http://www.20minutes.fr/article/88016/Lyon-Le-podcast-fait-ses-classes-a-Lyon-II.php
http://www.studyrama.com/article.php3?id_article=18702

diants à prendre des notes sans que cela engendre chez eux des traumatismes ou bien alors leur conseiller gentiment de se réorienter vers d'autres voies où l'on soit plus respectueux de la personne humaine et où l'on ne cherche pas systématiquement à maltraiter la psyché.

Avez-vous perdu la raison pour materner à ce point les étudiants ? Pensez-vous que la culture de l'écrit n'est pas suffisamment en danger pour supprimer une occasion de la pratiquer chez les étudiants ? Mais peut-être voulez-vous participer à ce vaste mouvement de marchandisation de l'éducation en proposant vos cours en libre-service. L'étudiant n'est alors plus en situation d'apprentissage, mais il devient un consommateur et la parole enregistrée du prof un produit de consommation courante. Je sais bien que les discours sur la convergence numérique permettent de justifier de nombreux concepts pour le moins légers, mais est-ce bien judicieux de prévoir la diffusion de contenus pédagogiques sur un dispositif numérique comme la PlayStation Portable de Sony qui fait avant tout figure de console de jeux ? À moins que le but ne soit finalement de convertir vos gentils étudiants à la cause numérique en les poussant à acquérir ces jolies petites machines, au design si élégant, qui sont fabriquées par un constructeur dont vous faites la publicité sur votre site Web[1].

Pourtant, l'idée de mettre en ligne des cours est loin d'être stupide et c'est d'ailleurs ce que je fais depuis une dizaine d'années. Mais pas sous cette forme ! Outre le fait que l'enregistrement de la parole magistrale nuit singulièrement à la spontanéité du discours de l'enseignant, on peut réellement mettre en doute l'efficacité psychopédagogique d'un dispositif de captation audio d'un cours. Même si l'enregistrement d'un cours apporte indubitablement plus d'informations qu'un cours auquel on n'a pas assisté, il faut être sacrément confiant dans la technologie pour voir là un réel progrès pédagogique. Rappelons ici quelques évidences : la lecture d'un message est au moins trois fois plus rapide que l'écoute du même message oralisé. Un cours magistral, ce n'est pas uniquement la parole du maître, mais aussi une gestuelle, des expressions du visage, un dialogue avec l'auditoire, éléments que ne pourra bien entendu pas capter le microphone de l'enseignant. En revanche, la mise en ligne d'un plan de cours, de compléments de

1. http://etu.univ-lyon2.fr
Cette publicité semble d'ailleurs en contradiction avec la charte déontologique d'utilisation du réseau RENATER qui fournit l'accès Internet à toutes les universités françaises.
http://www.renater.fr/IMG/pdf/charte_fr.pdf

cours, voire de la totalité d'un cours, permettra à l'étudiant de revenir sur des notions qu'il a peut-être mal saisies en cours. Nous avons bien le sentiment que l'écriture est une technologie assez récente (5 300 ans ?) par rapport à l'apparition de la parole, mais il serait vraiment dommage que sous le prétexte de l'innovation pédagogique on ne favorise pas la culture de l'écrit qui a peut-être encore un bel avenir devant elle si on ne décourage pas les étudiants de s'y frotter...

DE L'ART DE BIEN PRÉSENTER

Aujourd'hui, il devient impensable de faire la moindre communication dans un colloque si l'on n'a pas pris soin de réaliser une présentation assistée par ordinateur, que les gens appellent ordinairement présentation PowerPoint, par référence au nom du logiciel Microsoft qui sert à réaliser les diapositives qui seront projetées sur un écran. Cet esprit grégaire, qui est un signe manifeste de l'allégeance du corps enseignant à la mode des nouvelles technologies, est d'autant plus pitoyable que bon nombre d'orateurs n'ont visiblement pas pris la peine de réfléchir à la meilleure façon d'utiliser un tel outil de présentation.

Un catalogue de toutes les erreurs que l'on constate dans les diaporamas serait ici lassant et quiconque a un peu l'habitude de fréquenter ce type de réunion a pu prendre conscience des problèmes de communication induits par une mauvaise présentation. Encore une fois, on assiste en la matière à une vraie fausse bonne idée car, le plus souvent, au lieu d'être un auxiliaire du discours, la présentation a l'effet inverse et ruine irrémédiablement la prestation de l'orateur qui n'aura pour seule satisfaction que d'avoir sacrifié à la modernité.

Ce qui ne devrait être qu'un support à la présentation oralisée, a également aussi parfois tendance à devenir une véritable œuvre d'art, la forme prenant le pas sur le fond. Pour les grands esthètes que sont ces adeptes des effets 3D, le véritable défi est d'arriver à attirer l'attention du public grâce aux animations de la présentation et l'on est alors plus proche du dessin animé que de la communication scientifique. Cette dérive est d'ailleurs dénoncée par Pierre d'Huy, dans un article intitulé *PowerPoint, la rhétorique universelle*[1] :

« De simple support, le programme PowerPoint est en passe de devenir une langue. Une langue universelle utilisée par le monde professionnel, comme par le monde universitaire. Le discours y est soi-

1. http://medinge.org/journal/20070814/powerpoint-la-rhetorique-universelle/

gneusement mis en scène. Y faire son cinéma, c'est le mot d'ordre. (...) Toute présentation s'y transforme invariablement en représentation. Chacun répète, construit, monte, chronomètre ses interventions. Si le médium c'est le message, alors avec PowerPoint tout est show business. »

Peu importe la teneur du discours, puisque tout est devenu illusion avec ces magiciens des effets spéciaux qui masquent la vacuité de leurs propos à l'aide d'images clinquantes. On trouvera une magnifique illustration de cette fuite en avant dans une vidéo[1] surréaliste où un orateur captive son auditoire à l'aide d'une très belle présentation PowerPoint dont le seul contenu est le mot « chicken ».

Mais le plus étonnant est encore que les fichiers PowerPoint soient devenus, grâce à Internet, un moyen de diffuser des présentations qui n'ont jamais été faites devant un auditoire. Alors que PowerPoint est un logiciel conçu pour créer des diaporamas qui vont servir de support à une présentation orale, bon nombre d'enseignants le détournent de sa fonction principale et s'en servent pour diffuser simplement de l'information, en espérant sans doute que ce type de support confère une aura pédagogique à leur discours.

LES TICE, INSTRUMENTS DE LA CONTRE-RÉVOLUTION

Il est également un aspect des TICE qui est rarement abordé et qui mérite cependant que l'on s'y arrête un instant : dans certaines universités, les TICE sont perçues comme un moyen de continuer l'activité pédagogique lors des mouvements de grève des étudiants quand les campus sont bloqués. Cette volonté n'est absolument pas masquée puisqu'elle s'affiche en clair sur le site Web d'une université :

« L'innovation 2006 : la mise en ligne de cours. Après la crise anti-CPE, l'Université a mis à disposition un système de podcast où l'étudiant télécharge des séquences audio, voire audio-vidéo, après s'être abonné aux cours qui l'intéressent. »[2]

1. http://www.youtube.com/watch?v=yL_-1d9OSdk
La présentation qui est oralisée dans cette vidéo est disponible à :
http://www.cs.washington.edu/orgs/student-affairs/gsc/offices/old/433/PoCSi43302/papers/dougz.ppt
2. http://etu.univ-lyon2.fr/1148043378748/0/fiche___article/

Cette information est d'ailleurs reprise sous une autre forme par le quotidien *20 Minutes* :

« Le mois de blocage de la fac pendant le mouvement anti-CPE a précipité la mise en place de ce projet de podcasting. Des enseignants se sont tournés vers cette technologie pour mettre leurs cours à disposition des étudiants. »[1]

On a bien évidemment assisté à la même rhétorique lors des mouvements de protestation contre la loi LRU en novembre 2007 et les bureaux virtuels des étudiants sont devenus un excellent moyen de contourner le blocage des universités.

Quelques universités ont même tenté d'utiliser le vote électronique par Internet pour casser la dynamique du mouvement étudiant, en invoquant le caractère démocratique d'un tel instrument de sondage et en prenant soin de s'assurer les services d'un huissier. On se demande bien ce que l'huissier aura pu constater, mais on l'imagine assez mal en train d'expertiser le code de l'application de vote électronique. Au final, la CNIL s'est légèrement émue de cette situation et a cru bon de rappeler la loi aux présidents d'universités :

« Dès l'instant où ces systèmes de vote électronique comportent des données à caractère personnel (nom ou identifiant de l'étudiant par exemple), la CNIL rappelle que ces dispositifs sont soumis à la loi « informatique et libertés ». En particulier, de tels systèmes doivent lui être soumis avant leur mise en œuvre afin qu'elle examine notamment les conditions d'utilisation des données personnelles, la confidentialité du vote, les mesures de sécurité et l'information des personnes. »[2]

On a pris l'habitude de parler de l'aspect révolutionnaire d'Internet, mais il semblerait que d'une certaine manière les nouvelles technologies puissent être utilisées pour contrer les mouvements sociaux. Ce renversement dialectique, qui mériterait d'être étudié en profondeur, témoigne en fait d'une vision déshumanisée de la technique.

INHUMAIN, TROP INHUMAIN

Il ne s'agit pas ici de rejeter en bloc l'usage des nouvelles technologies à l'école, mais de pointer du doigt une utilisation irrationnelle et irré-

1. http://www.20minutes.fr/article/88016/Lyon-Le-podcast-fait-ses-classes-a-Lyon-II.php
2. http://www.cnil.fr/index.php?id=2340&news[uid]=504&cHash=79a9032d5f

fléchie de certains outils de communication dont une vision naïve pourrait laisser croire qu'ils peuvent résoudre tous les problèmes du système éducatif.

Car à trop s'entourer de machines, on finit par oublier l'essentiel, à savoir que les processus cognitifs sont réalisés par des êtres humains. Ce facteur humain a malheureusement tendance à être négligé et on ne compte plus les vastes plans d'informatisation où la formation et le tutorat sont les parents pauvres. De la même manière, les questions d'éthique et de déontologie dans les cursus de formation consacrés aux nouvelles technologies sont le plus souvent réduites à la portion congrue.

Il devient urgent de faire machine arrière et d'affirmer que l'utilisation des nouvelles technologies en matière d'éducation n'est pas une fatalité. Elle doit être réfléchie, toujours au service de l'être humain, et évaluée de manière indépendante afin de voir s'il y a une réelle plus-value. Si les progrès ne sont pas clairement démontrés par plusieurs études scientifiques, on s'abstiendra de poursuivre les expérimentations car l'éducation de l'être humain n'a pas pour vocation de participer au renforcement de la croissance économique.

9

Larvatus prodeo (j'avance masqué)

« Les comédiens, appelés sur la scène, pour ne pas laisser voir la rougeur sur leur front, mettent un masque. Comme eux, au moment de monter sur ce théâtre du monde où, jusqu'ici, je n'ai été que spectateur, je m'avance masqué. »[1]

J'avance masqué (*larvatus prodeo*) ! Même si la crainte de Dieu, qui était bien réelle au XVIIe siècle, ne semble plus être d'actualité, cette devise cartésienne pourrait pourtant aujourd'hui s'appliquer à plus d'un internaute. Bien protégés derrière leur écran, ils sont nombreux à vouloir rester anonymes et à redouter que leur identité soit dévoilée. Le droit au respect de la vie privée est une vertu cardinale en démocratie et il est bien évidemment impensable de vouloir revenir là-dessus, mais cet anonymat pose de nombreux problèmes, comme nous allons le voir.

En préambule, il faut cependant constater que la volonté de préserver son anonymat sur Internet est une gageure. Quiconque surfe sur le Web à son domicile ou bien à son travail est identifié de manière unique grâce à l'adresse IP (*Internet Protocol*) qui lui est attribuée par son fournisseur d'accès à Internet (FAI). Pour s'en persuader, il suffit de se rendre sur le site de la CNIL et d'accéder à la page suivante :

http://www.cnil.fr/index.php?id=19

1. Traduction par Ferdinand Alquié d'un texte de René Descartes intitulé : *Præambula. Initium sapientiæ timor Domini*. In Descartes, *Œuvres philosophiques*, Tome I, p. 45, Garnier, 1963.

Vous pourrez alors vous rendre compte qu'en consultant une simple page vous laissez déjà énormément de traces sur Internet.

Si l'on rajoute à cela que le décret n° 2006-358 du 24 mars 2006 relatif à la conservation des données des communications électroniques impose aux FAI, « pour les besoins de la recherche, de la constatation et de la poursuite des infractions pénales » de conserver pendant un an les informations permettant d'identifier l'utilisateur, les données relatives aux équipements terminaux de communication utilisés, et les caractéristiques techniques ainsi que la date, l'horaire et la durée de chaque communication, on voit bien que l'anonymat est pour le moins relatif. Cela signifie donc que la police ou la justice pourra remonter jusqu'à vous par le biais de votre adresse IP. Il existe des dispositifs techniques pour surfer de manière anonyme, mais ils sont délicats à mettre en œuvre et sont le plus souvent utilisés par des personnes qui ont à craindre les foudres de la justice.

TROUBLES D'IDENTITÉ

Sur la Toile, notre identité est souvent troublée car nous pouvons revêtir plusieurs personnalités et parfois simultanément. En effet, rien ne m'interdit d'ouvrir en même temps plusieurs fenêtres de messagerie instantanée et de m'y exprimer sous des identités différentes. Il ne faut pas forcément voir le fait de jongler avec plusieurs identités numériques comme la manifestation d'un trouble de la personnalité ; même si la vérité ne sort pas gagnante de tous ces travestissements, il ne faut pas ignorer la dimension ludique d'Internet qui serait la version adulte d'un « on jouerait à être ». C'est d'ailleurs bien ce que note Theodore Zeldin au cours d'un entretien avec Gloria Origgi :

« L'Internet a accru la possibilité de mentir. Sur l'Internet des gens ont par exemple délibérément prétendu être d'un sexe différent ou bien être ce qu'ils ne sont pas. Vous pouvez considérer cela sous un angle positif et dire qu'ils sont en train d'essayer des identités différentes, d'expérimenter, etc. »[1]

Mais les aspirations des internautes sont souvent contradictoires : ils veulent à la fois masquer leur identité et que l'on respecte leur vie privée, tout en réclamant une société plus transparente car la transparence revendiquée est devenue l'emblème de toute société démocrati-

1. Colloque virtuel Écrans et réseaux, vers une transformation du rapport à l'écrit ? http://www.text-e.org/conf/index.cfm?ConfText_ID=9

que. Ils veulent à la fois une société plus ouverte et Internet, par la nature de ses protocoles, représente bien le prototype de la communication ouverte, mais ils n'hésitent pas à se cacher derrière différents pseudos ou de multiples adresses électroniques qui sont autant d'éléments qui forgent des identités numériques complexes. Visiblement, cet univers de communication médiatisée à outrance, composé de claviers, d'écrans, de câbles, de tables de routage et d'ondes électromagnétiques, trouble le concept d'identité et l'on s'aperçoit que la multiplicité de nos identités numériques virtuelles induit des formes de dialogues qui n'ont finalement plus un grand rapport avec les conversations du monde réel.

L'ANONYMAT DE L'AUTEUR

Si la volonté, d'ailleurs illusoire, de garder secrète son identité lorsque l'on consulte le Web ne pose pas véritablement de problème, il n'en va pas de même dès que l'internaute produit de l'information. En effet, dès que l'internaute s'exprime, son identité devient un enjeu à la fois symbolique et pénal.

Quelles sont les motivations qui poussent un internaute à s'exprimer anonymement ? Elles sont fort nombreuses et certaines sont avouables alors que d'autres le sont beaucoup moins. Mais au final, il y a une constante : l'auteur anonyme ne souhaite pas endosser la responsabilité de ses écrits. Il peut vouloir conserver le secret de son identité parce qu'il risque de perdre sa vie (heureusement, pas dans notre pays), son poste (quand il critique sa hiérarchie ou son entreprise notamment) ou bien encore son estime de soi.

Bien entendu, ce n'est pas parce qu'un auteur ne souhaite pas être tenu pour responsable de ses propos que cela fait de lui automatiquement un irresponsable ou un corbeau. Mais en ne souhaitant pas signer ses écrits, l'auteur anonyme perd cependant en crédibilité et en liberté. Il est d'ailleurs assez paradoxal que la plupart des auteurs anonymes revendiquent leur statut au nom de la liberté d'expression. Que l'on souhaite garder son identité secrète quand on critique un régime autoritaire qui menace l'intégrité physique des dissidents est parfaitement compréhensible, mais politiquement moins acceptable quand on vit dans un état démocratique où la liberté d'opinion est reconnue par la constitution. Il y a même quelque chose d'indécent à revendiquer l'anonymat par confort quand d'autres risquent leur vie en s'exprimant. De plus, il est à mon sens délicat d'invoquer la liberté quand on refuse la responsabilité. La liberté impose que l'on rende des comptes et n'est absolument pas une invite à dire et faire n'importe quoi. L'anonymat, qui est une certaine forme d'irresponsabilité, minore donc la liberté de l'auteur, quand bien même il revendiquerait le droit à la liberté d'expression.

De nombreux auteurs de blogs qui ont une activité professionnelle en relation avec la thématique de leur site Web semblent assumer parfaitement leur anonymat et tentent de le justifier. C'est notamment le cas de Manue, conservateur des bibliothèques, qui tient un blog sur Internet, la bibliothéconomie et la confiture de figue[1]. Pour elle, l'anonymat est le gage d'une séparation entre ses activités personnelles et professionnelles. En étant anonyme, elle n'engage pas la responsabilité de son employeur :

« Dans un blog, surtout si on est anonyme, on se débarrasse de tous présupposés de compétence, d'autorité et autres : on écrit de manière plus spontanée, sans le couvert d'une institution officielle, c'est une personne qui s'exprime et pas un agent. »[2]

En fait, elle va même plus loin en prétendant que l'anonymat sur les blogs lui a permis de découvrir un des axiomes du Web concernant le statut de l'information :

« L'information se valide toute seule, elle se valide *a posteriori*. Sur un blog, on n'a guère plus de crédibilité parce qu'on est Un tel, de la société Machin. On obtient de la crédibilité par la constance (régularité des mises à jour), par le sérieux (vérifier ses sources, les citer) et par la communauté (Untel me cite donc il m'accorde une forme de validation). »

Le problème est que cette validation demande du temps et des compétences, conditions que ne réunissent pas tous les internautes qui sont destinataires des écrits anonymes. C'est un peu une vision élitiste de la publication sur Internet qui ne prend pas en compte la véritable sociologie de la Toile.

Manue parle également de « secret de polichinelle » à propos de son anonymat et il y a effectivement un certain paradoxe à masquer son identité, alors qu'il faut à peu près dix secondes pour retrouver le nom, l'adresse et le numéro de téléphone du propriétaire d'un site Web quand on interroge une base Whois à partir du nom de domaine…

1. http://www.figoblog.org/
2. Ces propos sont extraits de l'article *Bibliothécaire et blogueuse*, publié dans la revue BiblioAcid (volume 2, numéro 3, octobre 2005) http://www.nicolasmorin.com/BiblioAcid_revue/BAv2n3.pdf

Mais refuser de dévoiler son identité, c'est quelque part refuser de s'engager, au sens sartrien du terme, c'est-à-dire refuser, en tant qu'intellectuel, de participer à la vie de la société et ne pas s'impliquer dans une cause qui mérite d'être défendue. C'est d'ailleurs le constat que font les cofondateurs de la revue *BiblioAcid* dans un article[1] où ils brossent un panorama des blogs francophones consacrés aux bibliothèques :

« Dans ces conditions, revendiquer l'anonymat revient, *nolens volens*, à refuser de jouer le jeu de la compétition pour la parole publique au sein du champ professionnel. Anonymes, les biblioblogs s'interdisent en fait de pouvoir influencer la profession et se limitent plus ou moins sciemment à un dialogue qui demeure au sein de la biblioblogosphère. (...) Bref, l'anonymat est un élément important qui contribue à marginaliser les biblioblogs et les empêche d'exercer une influence concrète sur les évolutions de la profession. »

Mais l'anonymat de l'auteur n'est finalement qu'un moindre mal par rapport à l'usurpation d'identité. Quand une personne ne veut pas révéler son identité, on ne sait pas qui elle est, mais au moins on ne s'imagine pas avoir affaire à quelqu'un d'autre. Cette absence de preuve d'identité de celui qui s'exprime nuit gravement à la crédibilité globale d'Internet et jette une suspicion permanente. Bien souvent, au nom des principes libertaires du réseau des réseaux, on se prive d'un outil précieux pour installer la confiance dans les échanges. De plus, l'authentification forte ne faisant pas partie de la culture d'Internet, cela encourage les usurpations d'identité, les fraudes et les manipulations. En caricaturant à peine, on peut dire que sur Internet on ne sait jamais qui parle et à qui l'on parle. Ce climat de défiance permanent est bien entendu préjudiciable, mais les outils d'authentification forte sont trop souvent vécus comme des atteintes aux libertés individuelles, comme si le fait de lever l'anonymat s'assimilait à un banal contrôle d'identité effectué par un agent de la force publique. Comme nous le verrons plus tard, la certification de l'identité permet de résoudre d'innombrables problèmes pratiques sur Internet et ne devrait pas être ressentie comme une volonté de contrôle digne d'un état policier. En prouvant mon identité numérique, j'instaure au contraire un climat de confiance qui favorise les échanges. Bien entendu, cette mesure ne devrait pas être obligatoire, mais facultative, et la puissance publique devrait encourager le développement d'infrastructures permettant une authentification forte des utilisateurs. Il faut d'ailleurs remarquer, à ce

---

1. Delhaye, Marlène ; Morin, Nicolas, « Un panorama de la biblioblogosphère francophone à la fin de 2006 », *BBF*, 2007, n° 03, p. 88-94 http://bbf.enssib.fr

titre, que le commerce électronique n'a pu réellement se développer que lorsque la cryptologie a été libéralisée. Même si cela paraît paradoxal, la science du secret permet de sécuriser les échanges en créant les conditions d'une réelle authentification des utilisateurs.

Mais pour le moment, l'usage de la cryptographie n'est pas vraiment rentré dans les mœurs sur Internet et de nombreuses personnes continuent à faire confiance aux personnes qu'elles côtoient, malgré les incertitudes qui pèsent sur leur identité. Il semblerait que le côté ludique et virtuel d'Internet fasse taire les soupçons de bon nombre de nos contemporains, alors qu'ils sont plutôt méfiants à l'ordinaire dans la vraie vie. Un fait divers récent est pourtant venu rappeler à l'esprit de tous les insouciants que ce n'est pas parce que l'on met une photo sur un site à la mode que l'on est forcément celui que l'on prétend être. Ainsi, un facétieux a créé sur Facebook la fiche d'Alain Juppé et a observé le comportement des gens. Le récit[1] de son usurpation d'identité est assez instructif et montre bien la crédulité de certains internautes :

« Aujourd'hui, le profil d'Alain Juppé est toujours actif (http://www.facebook.com/profile.php?id=723124191) et plus de 120 personnes sont « Amis » dans FaceBook avec lui. Il est intéressant de constater les très nombreux messages de soutien, de sympathie, d'idolâtrie parfois. Certains de ces messages sont publics puisque publiés sur sa page (sur son « mur (*wall*) »). D'autres sont envoyés en privé, plus personnels, eux aussi sans aucune vérification préalable de la réelle identité se cachant derrière le profil FaceBook « Alain Juppé ». »

UN PEU DE MODÉRATION

Dès que quelqu'un s'exprime sur Internet, se pose le problème de la responsabilité éditoriale. En effet, un site Web est considéré comme un moyen d'information, au même titre qu'un journal et, à ce titre, il est soumis à la loi du 29 juillet 1881 qui régit la presse. Le fait que la plupart des internautes s'expriment sous le couvert de l'anonymat ne favorisant pas vraiment l'autocensure, les responsables d'un site Web courent un risque juridique lorsqu'une personne y inscrit des propos injurieux, racistes ou négationnistes. C'est la raison pour laquelle un fil-

1. http://www.ed-productions.com/leszed/index.php?la-faux-profil-d-alain-juppe-sur-facebook-des-details

tre est instauré en amont et toute contribution est vérifiée avant d'être publiée par ce que l'on appelle un modérateur ; ce dernier juge de la légalité et, éventuellement, de la pertinence du message, et autorise ou non la publication. Cette forme de censure permet ainsi de passer à la trappe les écrits diffamatoires ou bien les messages publicitaires n'ayant aucun rapport avec l'objet du débat.

Ce système de modération, en apparence simple dans son principe, comporte cependant de sérieux écueils qui en limitent considérablement l'intérêt.

Le premier inconvénient du système de modération est qu'il ne s'agit pas toujours d'un modèle de transparence. Sur de nombreux sites Web, on vous annonce que le site est modéré, mais on ne vous explique absolument pas quelles sont les règles de modération. De la même manière, les censures du modérateur ne sont jamais motivées et on ne connaît en fait jamais le nombre de messages qui sont refusés puisqu'il n'y en pas trace sur le site. On pourrait en fait très bien imaginer un système qui indiquerait la date et l'heure du message, le pseudo de son auteur et les raisons qui ont motivé son interdiction de publication. En général, les modérateurs n'aiment pas bien être interrogés sur les fondements de leur outil de travail et j'ai le souvenir que tous les messages que j'ai postés pour leur demander des comptes ont tous été censurés.

Le deuxième inconvénient du système de la modération est qu'il incite à l'irresponsabilité. On peut écrire tout et n'importe quoi puisque l'on sait que le message ne sera pas publié s'il est jugé non-conforme à la loi pénale. En se cachant derrière un pseudo, on n'est finalement plus responsable de ses propos puisque l'on se décharge de cette responsabilité sur le modérateur. Cette situation est particulièrement ennuyeuse sur les sites où s'expriment massivement les jeunes. Il n'est en effet guère éducatif d'empêcher la jeunesse de tenir des propos responsables en la censurant. C'est notamment le cas de la plupart des sites Web des universités où les étudiants peuvent laisser des messages. Alors que la plupart des étudiants sont majeurs et, par conséquent, responsables pénalement, on ne leur laisse pas la possibilité d'assumer la responsabilité de leur propos. Cette infantilisation[1] du corps étudiant est décidément peu propice à l'apprentissage de la citoyenneté. Les défenseurs de la modération considèrent qu'en général l'anonymat favorise la liberté d'expression et encourage la liberté de ton du fait que l'autocensure ne s'exerce pas. On peut également imaginer que la prise de parole derrière un masque est plus facile pour les personnes timides,

1. Il faut ici rappeler l'étymologie latine du mot enfant : l'enfant est celui qui ne parle pas.

mais quel drôle de modèle social que celui où l'on doit se cacher pour exprimer ses idées ! Si l'on doit toujours faire valoir son point de vue derrière un paravent, comment va-t-on s'habituer à se confronter réellement à l'autre à visage découvert ?

La modération a également l'inconvénient d'être chronophage et, par conséquent, coûteuse. En effet, la lecture des messages nécessite souvent l'embauche d'une personne qui est finalement payée parce que l'on n'a pas souhaité responsabiliser les utilisateurs. J'ai le souvenir d'une anecdote qui illustre bien le caractère pernicieux de ce système ; dans une université que j'ai longtemps pratiquée, les étudiants possèdent leur propre site Web où chacun peut s'exprimer. Comme il serait jugé contraire aux libertés de lever l'anonymat, les étudiants ne sont pas obligés de s'identifier pour poster leurs contributions sur les forums. Cela a également pour conséquence que tout internaute, même extérieur à la communauté universitaire, peut s'immiscer dans les discussions. Lors de la sortie du film *Les choristes*, une critique avait été mise en ligne sur ce site et les étudiants qui avaient assisté à sa représentation étaient invités à donner leur avis. Au bout de quelques jours, le forum de discussion des étudiants s'est retrouvé submergé de messages enflammés de collégiennes qui en pinçaient visiblement pour le jeune acteur, héros du film, à la voix si mélodieuse. Comme l'université est située dans la ville où ce jeune garçon chante, elles espéraient ainsi obtenir son adresse. Et pendant un mois, une personne, rétribuée par l'université, a dû lire ces contributions de jeunes filles en fleur, sans modération…

Il faut enfin noter que tout le monde n'est pas logé à la même enseigne en matière de responsabilité éditoriale. Si les forums de discussion et les blogs sont soumis à la loi de la presse, il n'en va pas de même pour les FAI qui n'ont pas d'obligation légale de surveiller les informations qui passent dans leurs tuyaux. C'est ainsi que Wikipédia n'a pas été jugé responsable des informations qui étaient hébergées sur son site.

L'ARME ABSOLUE CONTRE LE SPAM

Tout utilisateur du courrier électronique sait aujourd'hui ce qu'est le spam[1] tant ce phénomène a pris de l'ampleur. Rappelons néanmoins que le terme anglais *spam* (ou *spamming*, les *spammers* étant ceux qui se livrent à cette activité) désigne l'envoi en nombre de courriers non sollicités. Ce que l'on sait sans doute moins est que le spam est la conséquence de l'anonymat qui règne en maître sur Internet. On reçoit principalement du spam parce qu'il extrêmement facile d'usurper une identité dans un courrier électronique. À l'origine, n'oublions pas que le courrier électronique était réservé aux échanges des membres de la communauté universitaire et ses concepteurs n'imaginaient pas que l'on puisse s'en servir pour vendre des petites pilules bleues ou d'autres produits aussi essentiels à notre existence. Mais c'est bien parce que nous n'arrivons pas à savoir exactement qui se cache réellement derrière une adresse électronique que l'on reçoit autant de spam. On voit donc bien que la pseudo-liberté que conférerait l'anonymat se transforme ici en cauchemar car le spam menace littéralement l'existence de ce merveilleux moyen de communication qu'est le courrier électronique. Nous reviendrons dans le prochain chapitre sur l'ampleur de ce phénomène, mais nous allons pour l'instant voir comment la levée de l'anonymat, grâce à une authentification forte, permet de résoudre de manière radicale le spam.

Comme nous l'avons déjà mentionné, le spam est principalement dû au fait que l'on ne connaît pas l'identité de l'expéditeur du spam. Derrière tout courrier électronique, il y a bien une adresse d'expédition, mais dans le cas d'un spam, elle est en général fausse, ce qui n'empêche nullement le courriel d'arriver dans votre boîte aux lettres. Il suffirait alors d'exiger que les courriers que l'on reçoit émanent d'une adresse électronique certifiée pour que l'on éradique le problème du spam. Pour ce faire, il suffit d'envoyer des courriels signés numériquement à l'aide d'un certificat. Nous allons expliquer le principe de la signature électronique, mais tous les Français qui ont effectué leur déclaration d'impôt par Internet ont en fait déjà utilisé un certificat électronique dont le seul but est d'authentifier l'auteur de la déclaration. Si nous refusons tous les courriels qui ne sont pas signés numériquement, nous bloquons ainsi la réception du spam.

Avant d'expliciter le concept de signature électronique, commençons tout d'abord par lever une ambiguïté : de nombreuses personnes pensent à tort qu'une signature électronique est le fichier de signature qui est rajouté automatiquement à la fin d'un courrier électronique ou bien un fichier graphique créé par la numérisation (à l'aide d'un scanner) d'une signature manuscrite. Or, la signature électronique (ou

1. Il semblerait que l'étymologie du mot spam vienne d'un sketch des Monty Python où un groupe de personnes entonnent à tue-tête une chanson dont les paroles sont l'unique mot SPAM répété sans arrêt (SPAM est l'acronyme de *Shoulder of Pork and hAM* ; il s'agit de viande de porc en conserve). Ce bruit incessant empêche toute conversation et rend la communication impossible, d'où l'analogie avec les courriers non sollicités dont l'abondance arrive à nous empêcher de lire nos courriels.

numérique) est un concept totalement différent qui utilise des moyens cryptographiques.

La cryptographie est la science qui étudie les moyens de chiffrer (c'est-à-dire de rendre secret) et de déchiffrer des messages. Un message est chiffré (ou codé) à l'aide d'une clé (ou chiffre). Le passage du texte codé au texte en clair, en utilisant la clé de chiffrement, est appelé déchiffrement, et le décryptement est l'opération qui consiste à obtenir le texte en clair à partir du texte codé, sans connaissance de la clé de chiffrement. La cryptographie est une science très ancienne puisque Jules César l'utilisait déjà ; pendant deux mille ans, les techniques cryptographiques se sont affinées, mais le principe est resté identique : c'est la même clé qui sert à la fois à chiffrer et à déchiffrer les messages. Ce système, appelé cryptographie à clé symétrique, comporte cependant une grosse lacune : si l'on veut que son correspondant puisse déchiffrer les messages codés qu'on lui envoie, il faut bien lui faire parvenir la clé. Cette opération est le maillon faible de la cryptographie symétrique car, à ce moment-là, la clé peut être interceptée. Dans les années 1970, plusieurs chercheurs ont exploré d'autres pistes afin de trouver un autre système qui permette de faire l'économie de l'échange des clés. Ainsi naquit le concept de cryptographie à clé publique (ou asymétrique) qui allait s'imposer comme le pivot central de toute la cryptographie moderne.

Dans un système cryptographique symétrique, on utilise la même clé pour chiffrer et déchiffrer. Avec la cryptographie à clé publique, on emploie deux clés : une pour chiffrer (c'est la clé publique) et une autre pour déchiffrer (c'est la clé privée). Les deux clés sont liées par une fonction mathématique complexe qui a la particularité de ne pas être réversible. Cela signifie en clair que la clé publique est calculée à partir de la clé privée, mais que l'on ne peut pas déduire la clé privée si l'on connaît la clé publique. Avec ce système, le problème de l'échange des clés est résolu car les correspondants n'ont besoin de s'échanger que leur clé publique qui ne sert qu'à chiffrer un message. Cela fonctionne un peu comme un cadenas : on peut le fermer, mais si l'on ne connaît pas la combinaison, on ne peut pas l'ouvrir. C'est grâce à la cryptographie à clé publique que l'on a pu développer la signature électronique.

La signature électronique est par conséquent un dispositif cryptographique qui permet de s'assurer de l'identité de la personne qui signe le courrier. En fait, signer un courrier électroniquement, c'est fournir un code secret qui authentifie l'auteur du message, de la même manière que le code secret de votre carte bancaire permet au distributeur de billets de savoir que c'est bien vous qui retirez de l'argent. Ce nouveau concept est rendu possible grâce à l'évolution des moyens cryptographiques, ainsi qu'à l'adaptation de la législation. L'application la plus immédiate de la signature électronique est que l'on peut signer un document numériquement et l'envoyer par courrier électronique, là où il fallait auparavant prendre un stylo, signer au bas de la feuille et envoyer le document papier par la Poste.

Pour que le concept de signature électronique devienne une réalité, il a fallu modifier plusieurs lois. Il a tout d'abord été nécessaire d'autoriser la cryptographie. Se rendant compte que cette absence de libéralisation demeurait le frein principal à l'essor du commerce électronique, le gouvernement de Lionel Jospin décida alors d'autoriser l'usage de la cryptographie avec des clés de 40 bits (la longueur de la clé d'un système cryptographique se mesure en bits, le bit étant l'acronyme de *binary digit*, ou chiffre binaire, c'est-à-dire zéro ou un ; plus la clé est longue, plus le décryptement est long et difficile). Face aux doléances des professionnels d'Internet qui s'insurgeaient contre ces mesures jugées trop timides, le gouvernement publia le 17 mars 1999, au Journal officiel, deux décrets (99-199 et 99-200) qui légalisaient l'utilisation de la cryptographie avec des clés de 128 bits.

Les débuts de la signature électronique ont commencé au mois de mars 2000 lorsque la loi n° 2000-230, portant adaptation du droit de la preuve aux technologies de l'information et relative à la signature électronique, a été publiée au Journal officiel. Pour tous les nostalgiques du papier, ce fut un jour noir car cette loi stipule que « l'écrit sous forme électronique est admis en preuve au même titre que l'écrit sur support papier, sous réserve que puisse être dûment identifiée la personne dont il émane et qu'il soit établi et conservé dans des conditions de nature à en garantir l'intégrité ». Un peu plus loin, le texte assène : « l'écrit sur support électronique a la même force probante que l'écrit sur support papier. » Il a encore fallu attendre un an pour que le décret d'application de cette loi soit publié mais, depuis le 31 mars 2001, c'est chose faite.

Vous pouvez donc désormais envoyer un courrier électronique signé numériquement chaque fois que l'on exige de vous une signature manuscrite.

Comment fait-on en pratique pour signer numériquement un courrier électronique ? Pour ce faire, il faut se procurer au préalable un certificat numérique que la loi définit comme « un document sous forme électronique attestant du lien entre les données de vérification de signature électronique et un signataire ». On trouve ce genre d'ustensile auprès d'une autorité de certification (ou AC), ou d'un prestataire de services de certification électronique, soit « toute personne qui délivre des certificats électroniques ou fournit d'autres services en matière de signature électronique ».

Le certificat numérique est donc le sésame de la signature électronique ; sans lui, impossible de signer un courrier numériquement. Pour l'obtenir, vous devez faire appel à une autorité de certification ; nous vous conseillons de choisir une autorité française car, en cas de problème, le dialogue sera plus facile. Vous pouvez juger du professionnalisme de l'autorité de certification au vu de la procédure d'obtention du certificat numérique. La procédure doit être écrite et exiger des preuves de votre identité (photocopie de la carte d'identité et justificatif de domicile) ; n'oubliez pas que cette lourdeur est un gage de sérieux et que, à l'issue de cette épreuve, tous vos échanges pourront être dématérialisés.

Pour une vingtaine d'euros pas an, vous pouvez ainsi bénéficier d'un certificat numérique qui vous permettra de sécuriser vos échanges par courrier électronique. Il est d'ailleurs dommage que l'administration fiscale, en nous proposant son certificat qui sert à effectuer la télédéclaration de nos impôts, ne nous ait pas donné la possibilité de l'utiliser pour signer numériquement nos courriers électroniques.

Quand vous avez votre certificat numérique en poche, vous pouvez alors signer électroniquement tous les courriers que vous envoyez. Faites cependant bien attention au fait qu'un certificat numérique (ou identité numérique) n'est associé qu'à une seule adresse électronique. Cela signifie que si vous possédez plusieurs comptes de courrier électronique, vous devez posséder plusieurs certificats numériques. C'est d'ailleurs bien la raison pour laquelle la signature électronique constitue l'arme absolue contre le spam dans la mesure où les expéditeurs de spam utilisent des centaines de milliers d'adresses différentes. S'il leur fallait un certificat numérique pour chaque adresse falsifiée, cela leur coûterait une fortune.

Nous avons vu que la signature électronique était devenue possible grâce à l'invention de la cryptographie à clé publique. Avec cette technologie, une personne qui envoie un courrier signé numériquement peut être authentifiée de manière fiable, et on est donc vraiment certain qu'elle est bien celle qu'elle prétend être. Dans la mesure où il est très facile de falsifier son identité quand on envoie un courrier électronique, un courrier signé numériquement authentifie de manière absolue son expéditeur. Mais l'usage de la signature électronique ne se limite pas à cette fonctionnalité ; un certificat numérique permet aussi d'assurer l'intégrité d'un message.

Si un message signé numériquement a été modifié, que ce soit à la suite d'une erreur de transmission, ou bien intentionnellement par un pirate qui a intercepté le courrier, le logiciel de courrier électronique le détectera et en avertira le destinataire.

La signature électronique assure également la fonction de non-répudiation. Quand on a signé un courrier électronique numériquement, on ne peut pas prétendre par la suite que l'on ne l'a pas envoyé. Cette fonctionnalité est importante dans le cadre d'un contrat, et notamment pour le commerce électronique.

Enfin, et ce n'est pas le moindre des paradoxes, cette signature électronique qui permet de prouver son identité, assure aussi la confidentialité des échanges. En effet, Le certificat numérique sert de clé publique, ce qui signifie que si vous possédez une signature électronique, on est susceptible de vous envoyer des messages cryptés que vous pourrez déchiffrer à l'aide de votre clé privée. Au bout du compte, ce qui me permet de lever l'anonymat des échanges m'autorise aussi à tenir des conversations secrètes.

En conclusion, on peut dire que l'anonymat sur Internet pose finalement plus de problèmes qu'il n'en résout et incite majoritairement à l'irresponsabilité éditoriale. Le développement de la signature électronique, dont l'usage serait facultatif, permettrait de sécuriser les échanges sur Internet et créerait ainsi les conditions d'une réelle autorégulation.

10

Privés de vie privée

Dans le chapitre précédent, nous avons pu voir qu'une technique d'authentification forte, comme la signature électronique, permettait de créer un climat de confiance qui était propice à la sérénité des échanges d'informations. Pour autant, le fichage de nos autres activités numériques sur Internet s'assimile à un espionnage permanent, mais les atteintes à la vie privée sont devenues tellement banales que nous n'y faisons même plus attention ; nous nous sommes résignés car nous avons l'impression que le seul remède contre ces agressions serait de nous débrancher du réseau, ce qui est devenu proprement impossible pour la majorité d'entre nous. Nous sommes devenus les victimes consentantes du pillage de notre vie privée et nous nous consolons en nous disant que nous étions déjà fichés des centaines de fois avant l'apparition d'Internet. Alors, un peu plus ou un peu moins…

Nous sommes cependant persuadés que l'utilisation massive d'Internet a considérablement aggravé la situation et nous pensons qu'il y a lieu de combattre ce phénomène par tous les moyens car nous estimons qu'il n'y a pas de fatalité en la matière. Nous avons déjà vu dans le premier chapitre que Google a une curieuse conception de la vie privée mais, bien évidemment, ce n'est pas la seule société fautive. Tous les ans, l'association américaine Privacy foundation établit un classement[1] d'une vingtaine de sociétés ayant une activité liée à Internet où il s'agit d'attribuer des bons et des mauvais points en ce qui concerne le respect de la vie privée. L'association a créé une échelle de notation à six valeurs qui s'expriment sous la forme de couleurs qui

1. http://www.privacyinternational.org/article.shtml?cmd[347]=x-347-553961

vont du vert au noir, le rouge étant l'avant-dernier palier qui indique que la société constitue une menace importante pour la vie privée. Si le classement 2007 a placé AOL, Apple, Facebook et Yahoo! dans le rouge, Google a le triste privilège d'avoir la plus mauvaise notation et se retrouve affublé de la couleur noire, ce qui signifie que la société fait preuve d'une franche hostilité à l'égard de la vie privée.

Nous allons, dans cet ultime chapitre, explorer quelques menaces significatives qui sont emblématiques des atteintes à la vie privée que nous subissons quotidiennement sur Internet. Nous verrons aussi qu'en adoptant un comportement responsable nous pouvons mener le combat contre ces attaques répétées, notamment en connaissant nos droits. En effet, la prise de conscience des enjeux de la protection des données personnelles passe nécessairement par l'étude de la loi dite Informatique et libertés qui reste largement méconnue en France.

UN PROBLÈME VIEUX COMME L'INFORMATIQUE

Depuis son avènement, l'informatique a libéré l'être humain d'un nombre considérable de tâches pénibles et peu intéressantes. En devenant communicante, la micro-informatique a également permis d'autres libérations comme le télétravail. Mais cette mise en réseau des PC, qu'elle se fasse au sein de l'entreprise ou bien par l'intermédiaire d'Internet, a également des côtés négatifs que l'actualité vient nous rappeler régulièrement. Depuis quelques années, un certain nombre de faits portés à la connaissance du public montrent que le syndrome orwellien de 1984 devient un peu plus réel chaque jour. Dressons une liste rapide de quelques-uns de ces événements : autorisation d'utiliser le numéro INSEE pour l'administration fiscale, fichier de la police (STIC) déjà en service avant d'avoir été autorisé par la CNIL, procédure d'enregistrement de Windows XP, tatouage des documents Office... Les belles âmes ont toujours d'excellentes justifications : il faut lutter contre la fraude fiscale, contre le piratage ou bien encore le terrorisme. Si l'on ne peut qu'être d'accord avec le principe de la lutte contre l'échange illégal de fichiers musicaux, encore faut-il que ces combats soient menés de manière licite. Dans les faits que nous avons mentionnés, le plus répréhensible est bien évidemment le côté sournois et caché de ces procédures car si la loi Informatique et Libertés nous permet d'exercer un droit de regard sur les données nominatives qui ont été collectées, encore faut-il que nous soyons avertis que lesdites données ont été recueillies.

Avant de rentrer dans le vif du sujet, il est nécessaire de rappeler brièvement le contexte historique dans lequel la législation traitant de l'informatique et des libertés a été élaborée. Dans le courant des années 1970, avec la montée en puissance de la mini-informatique et des mainframes, on a vu se développer toute une série de projets de grande envergure visant à ficher les individus sur des supports magnétiques. Les grandes administrations ont eu à concevoir des fichiers informatiques regroupant peu ou prou la totalité de la population française (fichier des services fiscaux, de la sécurité sociale, *etc.*). Puis le projet SAFARI est né : il prévoyait l'interconnexion des fichiers émanant de services publics sur la base d'un identifiant unique, le numéro INSEE. Certains esprits se sont alors émus des dangers d'un tel projet et un groupe de travail, sous la présidence du conseiller d'État Tricot, a été créé. Les travaux de cette commission sont à l'origine de la loi du 6 janvier 1978 sur les rapports entre l'informatique et les libertés.

Tout le monde connaît cette loi du 6 janvier 1978 car le moindre imprimé ou formulaire Web que l'on remplisse comporte la mention à cette loi. Mais qui sait réellement que c'est cette loi, dont on fête cette année les trente ans, qui est à l'origine de la création de la Commission nationale de l'informatique et des libertés (CNIL) ? Qui prend la peine de consulter le site Web de la CNIL[1] qui est une véritable référence sur la problématique de l'informatique et des libertés ? Qui prend le temps de lire les rapports annuels publiés par la CNIL qui épinglent les pratiques délictueuses et dressent un inventaire des problèmes actuels relatifs aux traitements de données à caractère personnel ? Aujourd'hui que nous sommes pratiquement tous connectés à Internet, pourquoi est-ce que nous ne nous sentons pas concernés par ces problèmes ? Heureusement, il est encore temps de réagir et la première chose à faire consiste à prendre connaissance de cette loi qui a le mérite d'être rédigée de manière claire et de bien poser tous les enjeux d'une utilisation déraisonnable de l'informatique.

Avant de décrire la loi et le rôle de la CNIL, il nous faut poser la problématique de l'informatique et des libertés. Si nous sommes tous convaincus de l'utilité et du progrès d'Internet, il faut bien être conscient des dangers que peut comporter le fait que des informations nominatives soient stockées dans des ordinateurs et puissent être facilement exploitées, recoupées et analysées. En effet, l'article 9 du code civil qui reconnaît le droit au respect de la vie privée est souvent mis à mal par la constitution de fichiers nominatifs. Auparavant, il faut bien reconnaître que de tels fichiers manuels existaient, mais leur exploita-

1. http://www.cnil.fr

tion était trop lourde pour être vraiment menaçante. Aujourd'hui, avec la puissance de l'informatique, les fichiers nominatifs deviennent des enjeux de toute nature.

Le premier grand risque est l'interconnexion des fichiers : seule la personne qui a recueilli l'information est en droit de l'exploiter. Le principe du secret professionnel ne doit pas être bafoué. Si les fichiers sont interconnectés, rien n'empêche par exemple votre banquier de savoir que vous êtes atteint d'une maladie virale ou bien votre médecin d'apprendre que vous êtes interdit de chéquier. La loi du 6 janvier 1978 s'est focalisée sur le numéro INSEE qui est considéré comme un identifiant unique permettant de relier tous les fichiers entre eux, mais aujourd'hui il n'y a même plus besoin de numéro INSEE pour jouer les grands rassembleurs. En effet, certains outils arrivent à agréger des informations en provenance de différentes sources sans disposer d'un identifiant unique. C'est notamment le cas du moteur de recherche Spock[1] dont le but est de rassembler le maximum d'informations sur des personnes en allant puiser des données sur des pages Web contenant des biographies ou des CV, sur les réseaux sociaux, sur les sites d'actualités, sur les blogs, sur les annuaires, etc. Créé en avril 2007, Spock affiche l'ambition de devenir le Google de la recherche de personnes. Si cette société respecte autant la vie privée des gens que son modèle, cela promet !

Se pose aussi le problème du détournement des fichiers de leur usage primitif. De très nombreux sites Web collectent ainsi des informations nominatives sans en préciser la finalité et ensuite louent ou revendent vos coordonnées au plus offrant.

Enfin, il peut arriver que les informations stockées soient inexactes. De telles erreurs peuvent entraîner des injustices sans que l'intéressé en soit même averti. Se pose alors la question du droit d'accès aux informations et de la modification des informations faussement saisies.

LA LOI INFORMATIQUE ET LIBERTÉS

La loi du 6 janvier 1978 tâche de répondre à ces questions. L'ensemble de ses principes et de ses dispositions est résumé dans le premier article :

1. http://www.spock.com

« L'informatique doit être au service de chaque citoyen, son développement doit s'opérer dans le cadre de la coopération internationale, elle ne doit porter atteinte ni à l'identité humaine, ni aux droits de l'homme, ni à la vie privée, ni aux libertés individuelles ou publiques. »

Pour garantir le respect des règles qu'elle édicte, la loi a créé une institution de contrôle : la Commission nationale de l'informatique et des libertés (CNIL). Pour assurer la transparence des fichiers informatisés, la loi a instauré un système de formalités préalables à la mise en œuvre des traitements automatisés.

La loi du 6 janvier 1978 fut une des premières lois au monde à encadrer l'usage des fichiers informatiques. En 1995, l'Union européenne accoucha d'une directive (n° 95/46 CE du 24 octobre) relative à la protection des personnes physiques à l'égard du traitement des données à caractère personnel et à la libre circulation des données. La France avait trois ans pour transcrire cette directive européenne et, dans la mesure où nos gouvernements successifs ont quelque peu tardé dans la transposition, la directive européenne est entrée automatiquement en vigueur le 25 octobre 1998. La France s'est enfin décidée à transposer la directive européenne, presque dix ans après sa publication, avec la loi du 6 août 2004 relative à la protection des personnes physiques à l'égard des traitements de données à caractère personnel. Pour autant, on a gardé la référence originale à la loi du 6 janvier 1978.

La loi de 1978 comportait 48 articles et la loi de 2004 en compte 72. Pour résumer, on peut dire que la nouvelle loi a renforcé les pouvoirs de la CNIL, élargi son champ d'application, augmenté les droits des personnes tout en simplifiant les procédures administratives[1].

La loi réglemente la collecte, l'enregistrement et la conservation des informations nominatives ; elle reconnaît des droits aux individus et met des obligations à la charge des détenteurs de fichiers informatiques ou manuels[2].

Le grand mérite de la loi (dans son article 2) est de définir précisément ce qu'est une donnée personnelle ainsi que les traitements qui s'y appliquent.

---

1. Vous trouverez une analyse détaillée des différences entre les deux lois sur le site de la CNIL à http://www.cnil.fr/index.php?id=1744
Vous trouverez une version du texte consolidé (c'est-à-dire prenant en compte toutes les modifications législatives) de la loi du 6 janvier 1978 à l'adresse suivante : http://www.cnil.fr/index.php?id=301
2. Beaucoup de gens pensent que la loi ne concerne que les fichiers automatisés, c'est-à-dire informatiques. En fait, la loi s'applique à tous les fichiers nominatifs, même ceux qui figurent sur de bonnes vieilles fiches bristol.

Constitue une donnée à caractère personnel toute information relative à une personne physique identifiée ou qui peut être identifiée, directement ou indirectement, par référence à un numéro d'identification ou à un ou plusieurs éléments qui lui sont propres. Pour déterminer si une personne est identifiable, il convient de considérer l'ensemble des moyens en vue de permettre son identification dont dispose ou auxquels peut avoir accès le responsable du traitement ou toute autre personne.

Constitue un traitement de données à caractère personnel toute opération ou tout ensemble d'opérations portant sur de telles données, quel que soit le procédé utilisé et, notamment, la collecte, l'enregistrement, l'organisation, la conservation, l'adaptation ou la modification, l'extraction, la consultation, l'utilisation, la communication par transmission, diffusion ou toute autre forme de mise à disposition, le rapprochement ou l'interconnexion, ainsi que le verrouillage, l'effacement ou la destruction.

Il convient de bien comprendre que toute information qui permet d'identifier une personne est une donnée nominative. Cela signifie que l'adresse IP que vous attribue votre fournisseur d'accès à Internet ou bien encore votre numéro de téléphone sont des données à caractère personnel dont l'utilisation est encadrée par la loi. Votre adresse électronique est bien entendu aussi une donnée nominative. Cette dernière est directement nominative quand elle se présente sous la forme prénom.nom et indirectement nominative dans le cas contraire puisqu'une adresse électronique est toujours reliée à une personne physique. Il faut également noter qu'une adresse électronique fournit souvent d'autres renseignements comme l'origine géographique, le nom du FAI ou le nom de l'entreprise. Le fait que l'adresse électronique soit considérée comme une information à caractère personnel a donc des conséquences juridiques puisque sa collecte et son utilisation sont réglementées.

L'article 6 de la loi définit la manière dont les données à caractère personnel peuvent être traitées ; il définit notamment les points suivants :

Les données sont collectées et traitées de manière loyale et licite.

Elles sont collectées pour des finalités déterminées, explicites et légitimes et ne sont pas traitées ultérieurement de manière incompatible avec ces finalités.

Elles sont adéquates, pertinentes et non excessives au regard des finalités pour lesquelles elles sont collectées et de leurs traitements ultérieurs.

Elles sont exactes, complètes et, si nécessaire, mises à jour ; les mesures appropriées doivent être prises pour que les données inexactes ou incomplètes au regard des finalités pour lesquelles elles sont collectées ou traitées soient effacées ou rectifiées.

Elles sont conservées sous une forme permettant l'identification des personnes concernées pendant une durée qui n'excède pas la durée nécessaire aux finalités pour lesquelles elles sont collectées et traitées.

L'article 7 de la loi précise qu'un traitement de données à caractère personnel doit avoir reçu le consentement de la personne concernée. Il existe bien évidemment des cas où l'on ne vous demande pas votre avis, mais ces exceptions sont bien définies et encadrées par la loi (obligation légale, exécution d'une mission de service public, intérêt légitime poursuivi par le responsable du traitement, *etc.*).

L'article 8 précise qu'il est interdit de collecter ou de traiter des données à caractère personnel qui font apparaître, directement ou indirectement, les origines raciales ou ethniques, les opinions politiques, philosophiques ou religieuses ou l'appartenance syndicale des personnes, ou qui sont relatives à la santé ou à la vie sexuelle de celles-ci. Bien évidemment, la loi prévoit des exceptions et l'on comprend bien qu'un chercheur en médecine puisse réaliser une enquête comportant des questions relatives à la santé.

Les articles 11 à 21 de la loi définissent la composition et le rôle de la CNIL. Il faut noter que la CNIL n'est pas un tribunal, mais une autorité administrative indépendante. Son rôle est de regrouper et de contrôler l'ensemble des déclarations des traitements automatisés d'informations nominatives. Les articles 22 à 31 décrivent les formalités de ces déclarations.

Les articles 32 à 37 de la loi décrivent les obligations incombant aux responsables des traitements. Nous vous encourageons vivement à lire la totalité de ces articles, ce qui vous permettra de vous rendre compte que la majeure partie des questionnaires que vous remplissez en ligne ne respectent pas ces obligations.

Les articles 38 à 43 de la loi précisent les droits des personnes qui sont l'objet d'un traitement de données à caractère personnel.

Nous vous conseillons d'apprendre par cœur l'article 38 de cette loi et d'en user autant que vous le voulez :

« Toute personne physique a le droit de s'opposer, pour des motifs légitimes, à ce que des données à caractère personnel la concernant fassent l'objet d'un traitement.

Elle a le droit de s'opposer, sans frais, à ce que les données la concernant soient utilisées à des fins de prospection, notamment commerciale, par le responsable actuel du traitement ou celui d'un traitement ultérieur. »

C'est grâce au deuxième alinéa de cet article que l'on peut désormais faire figurer son numéro de téléphone en liste rouge sans avoir besoin de payer quoi que ce soit.

Pour résumer, une personne peut exercer les droits suivants face à un traitement de données à caractère personnel :

- droit d'être informé sur la nature du traitement ;
- droit de s'opposer au traitement ;
- droit d'accès aux données collectées ;
- droit de rectification des données.

Les articles 45 à 49 de la loi définissent les sanctions que peut prendre la CNIL lorsqu'un responsable d'un traitement de données ne respecte pas ses obligations.

Les articles 50 à 52 précisent les sanctions pénales prévues par la loi en cas d'infraction[1].

Eu égard au développement massif d'Internet, cette loi trentenaire nous concerne tous aujourd'hui et notre premier devoir, si l'on veut la faire appliquer, consiste à bien la connaître. Contrairement à d'autres lois dont la lecture est très ardue, la loi Informatique et libertés a l'avantage d'être rédigée dans une langue accessible au plus grand nombre. Dans ces conditions, ne vous privez surtout pas de sa lecture !

LE PROBLÈME DU SPAM

Même si nous avons vu dans le précédent chapitre que la signature électronique constitue un moyen radical de combattre le spam, force est de constater que son utilisation ne s'est pas généralisée au point que ce fléau soit éradiqué. Le spam dont nous sommes tous victimes constitue une excellente illustration des problèmes engendrés par un usage

1. Ces infractions sont reprises dans le code pénal (articles 226-16 à 226-24). À titre indicatif, le fait, y compris par négligence, de procéder ou de faire procéder à des traitements de données à caractère personnel sans qu'aient été respectées les formalités préalables à leur mise en œuvre prévues par la loi est puni de cinq ans d'emprisonnement et de 300 000 € d'amende.

illicite des données nominatives. Nous allons mesurer l'étendue du phénomène et voir comment les dispositions législatives tentent de limiter les nuisances de cette pratique.

Marginal aux débuts d'Internet, le spam a pris aujourd'hui une ampleur considérable. Dès le mois d'octobre 1999, la CNIL avait établi un rapport d'une trentaine de pages, « Le publipostage électronique et la protection des données personnelles »[1], qui posait déjà de manière éclairante tous les problèmes que nous connaissons à l'heure actuelle.

Dans l'étude NetValue/Datatrader réalisée en mai 2001, 56 % des hommes et 48 % des femmes interrogés perçoivent un e-mail sur deux comme étant promotionnel ou commercial. À la fin de l'année 2004, différentes études estimaient que trois courriels sur quatre étaient du spam. Le phénomène n'arrête pas de progresser et toute une série d'études viennent corroborer ces chiffres[2]. Un rapport[3] publié à la fin de l'année 2007, indique même que 95 % des courriels que nous recevons sont du spam.

Les entreprises commencent à prendre cette réalité très au sérieux, car le trafic généré par ces courriers non sollicités crée un engorgement des serveurs de messagerie. De plus, les salariés perdent du temps à traiter toutes ces informations inutiles car les antispams ne sont pas une science exacte et ils laissent passer du spam et considèrent parfois comme du spam des courriels qui n'en sont pas.

Mais il faut aussi avouer que le spam est un moyen extraordinaire pour les entreprises de toute taille de faire de la publicité gratuitement. Comme envoyer un courrier électronique à une personne ou à cent mille coûte le même prix, c'est-à-dire presque rien, il est bien évident que faire du publipostage électronique devient on ne peut plus tentant pour toutes les entreprises qui ont à vendre quelque chose (que ce soit un bien de consommation ou un service). L'adresse électronique d'un individu est alors considérée comme un moyen d'atteindre à vil prix un client potentiel. De la même manière que certaines sociétés se sont fait une spécialité de vendre ou louer des fichiers d'adresses postales, on voit apparaître des entreprises qui recueillent et revendent des adresses électroniques. Ces nouveaux chercheurs d'or font flèche de tout bois : cartes de visite, annuaires d'entreprises, annuaires de FAI, contributions dans les forums publics de discussion (newsgroups) ; tout est bon pour récupérer des adresses électroniques. Si, de surcroît, l'adresse est qualifiée, parce que vous avez, par exemple, posté une contribution sur

1. www.cnil.fr/fileadmin/documents/approfondir/rapports/publpost.pdf
2. http://www.journaldunet.com/cc/03_internetmonde/spam.shtml
3. www.barracudanetworks.com/ns/news_and_events/index.php?nid=232

un forum consacré aux voitures de collection, elle prend tout de suite de la valeur.

On trouve sur Internet des sociétés qui vendent, en toute illégalité et pour un coût très raisonnable, des millions d'adresses électroniques à tous ceux qui veulent goûter aux joies de l'e-mailing. Certaines petites structures, par cynisme ou par ignorance, se laissent tenter et achètent de tels fichiers. Elles envoient ensuite leur publicité à de pauvres internautes qui n'ont absolument pas donné leur consentement pour recevoir une telle littérature. De temps en temps, elles tombent sur un grincheux dans mon genre qui leur rappelle la loi, leur fait perdre du temps au téléphone et signale leurs abus à leur FAI ainsi qu'aux autorités compétentes. Il faut remarquer à ce sujet que si la loi interdit désormais clairement le spam, les autorités ne font pas preuve d'une activité débordante pour le combattre. Faut-il entreprendre une action citoyenne et que chaque Français bombarde son député de courriers électroniques pour que nos élus prennent conscience de l'ampleur du phénomène et de son coût ? Il faut quand même avoir l'honnêteté de dire que si le spam continue à progresser au même rythme, cela signifie purement et simplement la mort du courrier électronique. En effet, si vous recevez par jour deux mille courriels et que seuls dix sont intéressants, vous allez très vite abandonner ce mode de communication.

Les tribunaux ont commencé à condamner le spam, parfois très lourdement, mais ces décisions de justice restent très exceptionnelles. Ainsi, au mois de mai 2004, un entrepreneur du Sud de la France a été condamné par le tribunal de commerce de Paris à verser 22 000 euros de dommages et intérêts à Microsoft et AOL qui avaient poursuivi le spammeur, ce dernier ayant quand même envoyé plus d'un million de courriers non sollicités.

Dans le même ordre d'idées, la CNIL avait mis en place une initiative baptisée « Boîte à spam »[1] qui a permis de récolter plus de 320 000 messages en trois mois et a débouché sur la transmission au Parquet de cinq dossiers d'entreprises indélicates. Cette opération a débouché sur la création du site Signal spam[2] qui se définit comme une « plate-forme nationale de signalement des spams ». Si cette initiative est éminemment louable, elle a néanmoins mis un temps considérable à se mettre en place et ne communique pas beaucoup sur ses résultats effectifs (nombre de spams signalés, nombre d'actions en justice, nombre d'entreprises condamnées). De plus, on peut légitimement s'interroger sur le fait que les autorités aient laissé l'initiative d'une telle

1. http://www.cnil.fr/index.php?id=1268
2. http://www.signal-spam.fr

entreprise à une association de loi 1901. Un fléau tel que le spam ne méritait-il pas qu'une autorité gouvernementale s'en occupât ?

Pourtant, les hommes politiques ont quand même réagi en votant la loi du 21 juin 2004, baptisée LCEN (Loi pour la confiance dans l'économie numérique), qui vient renforcer l'arsenal législatif. En effet, l'article 22 de cette nouvelle loi modifie le code des postes et télécommunications et précise :

« Est interdite la prospection directe au moyen d'un automate d'appel, d'un télécopieur ou d'un courrier électronique utilisant, sous quelque forme que ce soit, les coordonnées d'une personne physique qui n'a pas exprimé son consentement préalable à recevoir des prospections directes par ce moyen. »

Par prospection directe, on entend « l'envoi de tout message destiné à promouvoir, directement ou indirectement, des biens, des services ou l'image d'une personne vendant des biens ou fournissant des services ».

Les commerçants dont vous êtes déjà clients ont le droit de vous prospecter par courrier électronique, mais ils doivent donner la possibilité « de s'opposer, sans frais, hormis ceux liés à la transmission du refus, et de manière simple, à l'utilisation de ses coordonnées lorsque celles-ci sont recueillies et chaque fois qu'un courrier électronique de prospection lui est adressé ».

Dans tous les cas, la prospection par la voie électronique doit répondre à un certain formalisme et doit notamment indiquer les coordonnées valables auxquelles le destinataire peut transmettre une demande pour obtenir que les envois cessent. La loi précise également qu'il est « interdit de dissimuler l'identité de la personne pour le compte de laquelle la communication est émise et de mentionner un objet sans rapport avec la prestation ou le service proposé ».

Cet article de loi durcit considérablement les textes en vigueur et supprime en théorie la possibilité du spam puisqu'il faut obtenir le consentement préalable du destinataire avant de pouvoir lui envoyer un courrier qui sera donc, par définition, considéré comme sollicité. Les entreprises avaient d'ailleurs six mois pour se mettre en conformité avec la loi et obtenir le consentement de leurs clients. Certaines ont joué le jeu, mais elles ne sont pas majoritaires. On continue donc à recevoir de nombreux courriers non sollicités en provenance d'entreprises françaises qui sont, par conséquent, en infraction manifeste avec la nouvelle loi. Quand cela vous arrive, nous vous conseillons, si cela est possible, de leur rappeler systématiquement la loi à l'aide d'un modèle tout prêt à l'emploi. Si tous les spammés s'unissent pour protester, on peut espérer que cela fera bouger les choses, au moins en France. Il faut malheureusement avoir l'honnêteté de reconnaître que, pour le spam en provenance de l'étranger, nous n'avons pratiquement aucun moyen d'action.

Nous devons, de notre côté, veiller à ne pas devenir complices des spammeurs en diffusant des adresses électroniques. Par exemple, quand vous diffusez un courriel en nombre, rien ne vous oblige à diffuser l'adresse électronique de vos correspondants à tous les destinataires de l'envoi. Après tout, le champ **Cci** a été inventé pour cela, mais il est assez étonnant de voir que très peu de personnes l'utilisent et encore moins se rendent compte qu'elles commettent un traitement automatisé de données à caractère personnel quand elles mettent tout leur carnet d'adresses dans le champ **Vers** d'un courriel. Est-il vraiment nécessaire que nous connaissions l'étendue de votre carnet d'adresses quand vous nous annoncez un changement de numéro de téléphone ou bien une naissance ? Personnellement, je ne le pense pas et quand je reçois un carton d'invitation à un mariage, il est rare que figure sur l'enveloppe la liste de tous les invités...

L'INSÉCURITÉ SOCIALE DES RÉSEAUX

Sur Internet, on connaît souvent mieux les membres de son réseau social que son voisin de palier. Il faut dire que l'on ne peut rien craindre de gens avec qui l'on est en si bonne compagnie. Alors, on baisse la garde et on oublie que le réseau social auquel on a adhéré appartient à une entreprise dont le but n'est pas de favoriser votre épanouissement personnel, mais de gagner de l'argent. Et dans la mesure où le service que l'on vous offre est en apparence totalement gratuit, il faut bien se rattraper sur autre chose. La contrepartie s'exprime en général sous la forme de publicité ciblée, mais cela peut aussi être la revente des données de votre profil personnel.

Facebook, qui a tant le vent en poupe ces derniers temps, s'est fait épingler par la CNIL[1] au début de l'année 2008. La commission a déclaré avoir écrit à Facebook pour lui demander des comptes sur la durée de vie des informations qu'il conserve. Dans le même temps, elle déplore le manque de culture des internautes face à la problématique des données personnelles. Elle constate que « comme l'utilisateur ne maîtrise pas assez ces nouveaux outils, il apprend trop souvent à s'en

1. www.cnil.fr/index.php?id=2383&news[uid]=515&cHash=7049f4c922

servir à ses dépens. Par exemple, même quand l'outil est paramétrable, la configuration par défaut favorise souvent une diffusion très large des données, si bien que des informations devant rester dans la sphère privée se retrouvent souvent exposées à tous sur Internet. »

Bien évidemment, les sites de réseaux sociaux en profitent pour créer d'immenses bases de données qui seront ensuite mises à profit pour envoyer de la publicité ciblée. La CNIL reconnaît que « l'utilisateur n'est donc pas toujours conscient qu'en dévoilant des données sur sa vie privée, ses habitudes de vie, ses loisirs, voire ses opinions politiques ou religieuses, il permet aux sites de se constituer de formidables gisements de données susceptibles ainsi de provoquer de multiples sollicitations commerciales ».

Facebook s'est également illustré à la fin de l'année 2007 en lançant un système publicitaire baptisé Beacon. Cet ingénieux dispositif payant permet aux annonceurs d'accéder aux données personnelles des membres du réseau social. Dès l'annonce de la mise en service de Beacon, il y a eu de très nombreuses protestations de la part des utilisateurs, surtout au États-Unis. Le fondateur de Facebook, devant la levée de boucliers, a fait machine arrière et a présenté ses excuses aux utilisateurs de Facebook. Malheureusement, on a appris[1], un peu plus tard, que le système Beacon était toujours en service. Le créateur de Facebook, Mark Zuckerberg, s'est justifié en donnant une réponse qui a au moins le mérite de la clarté : « Facebook emploie 400 salariés, nous devons faire du bénéfice pour soutenir la société ».

Il semblerait également que les applications qui font le bonheur des adeptes de Facebook soient une porte ouverte pour les espiogiciels et constituent une brèche dans la sécurité du système. Ainsi, Facebook a dû interdire l'application Secret Crush[2] qui a quand même été installée par plusieurs centaines de milliers de membres du réseau social. Si cela peut les rassurer, MySpace a aussi été victime de problèmes du même genre : un profil cachait en fait un programme malveillant[3] et un virus se cachait dans un lien vers une vidéo[4].

---

1. http://www.lemondeinformatique.fr/actualites/lire-le-systeme-de-publicite-de-facebook-est-toujours-en-service-25061.html
2. http://www.zdnet.fr/actualites/internet/0,39020774,39377156,00.htm
3. http://techno.branchez-vous.com/actualite/2008/01/un_programme_malveillant_degui.html
4. www.zdnet.fr/actualites/informatique/0,39040745,39365454,00.htm

POUR UNE PRISE DE CONSCIENCE COLLECTIVE

Selon la formule de Talleyrand, « la vie privée doit être murée, il n'est pas permis de chercher et de faire connaître ce qui se passe dans la maison d'un particulier ». L'engouement massif des Français pour Internet expose leur vie privée à de multiples atteintes. La question de la protection des données à caractère personnel est un enjeu politique important et malheureusement les informaticiens ne prennent pas toujours la juste mesure de l'ampleur des pouvoirs que la technologie leur confère. Les utilisateurs d'ordinateurs sont aussi souvent très mal informés de la réalité du phénomène et de ses enjeux. La CNIL joue un rôle important dans l'éclairage de cette problématique et dans la protection de la vie privée, mais elle a des moyens limités et son président se plaint de manière récurrente de la faiblesse de son budget. Dans ces conditions, il ne faut pas hésiter à aller chercher des informations dans les associations qui militent pour le respect des libertés individuelles. L'association Iris (acronyme de Imaginons un réseau Internet solidaire[1]) développe notamment une réflexion originale sur Internet et la protection des données à caractère personnel. Si l'on souhaite approfondir le sujet, on lira également avec profit le rapport rédigé par Guy Braibant et intitulé « Données personnelles et société de l'information »[2], qui retrace bien les enjeux du problème.

S'il est un domaine où l'utilisateur d'ordinateur doit quitter sa panoplie de technicien pour endosser les habits du citoyen, c'est bien celui de la protection des données personnelles. En effet, la science n'est jamais neutre[3] et les immenses possibilités de fichage qu'a rendu possibles le développement de l'informatique doivent être encadrées rigoureusement. Nous jugeons qu'il y a là matière à un véritable débat de société et nous encourageons vivement tous ceux qui utilisent un ordinateur à réfléchir avec toute l'acuité nécessaire à ce problème qui est loin d'être marginal. Nous vous incitons donc fortement à méditer sur les méfaits d'une informatisation sans contrôle de la société. À tous ceux qui clament haut et fort qu'ils n'ont rien à cacher et qu'ils sont

1. http://www.iris.sgdg.org
2. www.ladocumentationfrancaise.fr/brp/notices/984000836.shtml
3. Dans le même ordre d'idées, on pourra lire l'ouvrage d'Edwin Black où il tente de démontrer que la filiale allemande d'IBM a fourni des moyens de calcul aux nazis qui leur ont permis d'optimiser la logistique de la solution finale. *IBM et l'holocauste. L'alliance stratégique entre l'Allemagne nazie et la plus puissante multinationale américaine*, Robert Laffont, 2001

indifférents à l'espionnage et au fichage généralisé, nous aimerions rappeler que dans une période sombre de notre histoire (les années 1940), des fichiers ont été constitués en France et que certaines personnes s'en sont servis.

Si Internet sert à communiquer et permet par conséquent de rapprocher les gens, c'est également un fantastique outil de surveillance. Imposer l'utilisation de la messagerie instantanée à ses salariés distants est ainsi un excellent moyen de contrôler leur activité[1]. Sur son lieu de travail, l'utilisation d'Internet pour sa correspondance privée est également problématique, même si la Cour de cassation a reconnu sa légitimité. On pourrait multiplier à l'envi les exemples d'utilisation d'Internet qui menacent notre vie privée ; à ce titre, le déferlement annoncé de la technologie RFID n'est guère rassurant. Il appartient donc au citoyen de prendre en main son destin numérique et de faire entendre sa voix pour que ses libertés individuelles soient préservées car, décidément, « science sans conscience n'est que ruine de l'âme ».

1. Dès l'année 2001, la CNIL a écrit un rapport sur la cybersurveillance des salariés. http://www.cnil.fr/index.php?id=2054

Conclusion

Au terme de cet ouvrage, on peut avoir un sentiment de rejet à l'égard d'Internet car l'accumulation de propos négatifs finit par en donner une image peu reluisante. Il est clair que cet ouvrage est un procès à charge et nous en assumons le titre ; mais si le ton est parfois polémiste, voire provocateur, c'est avant tout pour vous faire réagir et réveiller votre faculté de questionnement. Pour autant, nous ne vouons pas Internet aux gémonies et nous pourrions parfaitement écrire un autre livre intitulé « Les sept merveilles d'Internet » ; il faut bien comprendre que nous ne critiquons pas l'outil, mais seulement les usages que certains en font. D'autre part, nous proposons, chaque fois que cela est possible, des remèdes pour corriger le tir et nous restons confiants dans l'avenir d'Internet si chacun prend bien la mesure des dangers.

Mais chacun doit ici se sentir concerné : étudiants, parents, pédagogues, professionnels de l'information, bref tous ceux qui ont un rôle à jouer dans l'acquisition du savoir et des connaissances car l'usage d'Internet a considérablement progressé ces dernières années dans notre pays. Dans un communiqué de presse en date du 21 janvier 2008 et intitulé « La diffusion des technologies de l'information et de la communication dans la société française – enquête 2007 », l'ARCEP (Autorité de régulation des communications électroniques et des postes)[1] dresse un panorama de l'utilisation d'Internet en France : « En juin 2007, 65 % des personnes de 12 ans et plus utilisent un ordinateur et plus de 60 % utilisent Internet, que ce soit à leur domicile ou que ce soit sur leur lieu de travail pour les actifs, ou d'études pour les étudiants et les élèves. En un an ces deux proportions ont crû respectivement de 5 points et de 7 points. L'usage quotidien, en particulier, se développe à l'instar de celui de l'ordinateur qui progresse de 6 points : en juin 2007, c'est ainsi près de la moitié (49 % exactement) de la population qui utilise tous les jours un ordinateur. »

Tous les chiffres de cette enquête sont corroborés par d'autres sondages, notamment par l'étude annuelle de l'institut GFK, si bien qu'il faut définitivement accepter le fait qu'Internet fait désormais partie de notre univers quotidien. Mais, les faits étant têtus, il faut aussi reconnaître que les ventes de CD musicaux ont baissé en 2007 de 24 % en volume (par rapport à

1. http://www.arcep.fr

2006), ce qui confirme une dégringolade amorcée il y a cinq ans. Pourtant, dans le rapport de la Commission pour la libération de la croissance française, présidée par Jacques Attali, il est expressément mentionné que « pour s'inscrire dans la croissance mondiale, la France (c'est-à-dire les Français) doit d'abord mettre en place une véritable économie de la connaissance, développant le savoir de tous, de l'informatique au travail en équipe, du français à l'anglais, du primaire au supérieur, de la crèche à la recherche ». Cette économie de la connaissance passe déjà par une reconnaissance du droit d'auteur que l'utilisation des logiciels de P2P met décidément à mal. Il faut réévaluer cette culture du « tout gratuit » qui règne sur Internet et bien faire comprendre aux internautes qu'ils payent aussi cette gratuité au prix fort. Nos eurodéputés commencent d'ailleurs à s'inquiéter de cette situation[1] et nous ne devons pas oublier que le marché de la publicité en ligne est estimé au niveau mondial à 27 milliards de dollars. En fait, nous devons tous prendre conscience que nous monnayons nos données personnelles, c'est-à-dire notre vie privée, pour une illusion de gratuité sur Internet.

Mais, à nos yeux, l'enjeu le plus important est bien la place de l'intellectuel dans notre société. À l'heure où chacun croule sous l'information et peut participer en quelques clics à la production de ces informations, voulons-nous réellement sacrifier au culte de l'amateur ? Quel statut devons-nous accorder à l'information sur le Web ? Dans un texte de 2002, qui n'a malheureusement pas pris une ride, Umberto Eco[2] résume parfaitement les véritables dangers que fait courir Internet à notre société :

« C'est le problème fondamental du Web. Toute l'histoire de la culture a été celle d'une mise en place de filtres. La culture transmet la mémoire, mais pas toute la mémoire, elle filtre. Elle peut filtrer bien, elle peut filtrer mal, mais s'il y a bien quelque chose qui nous permet d'interagir socialement, c'est que nous avons tous eu, plus ou moins, les mêmes filtres. Après, le scientifique, le chercheur peuvent mettre en cause les filtres, mais ceci est une autre histoire. Avec le Web, tout un chacun est dans la situation de devoir filtrer seul une information tellement ingérable vue son ampleur que, si elle n'arrive pas filtrée, elle ne peut pas être assimilée. Elle est filtrée par hasard, par conséquent quel est le premier risque métaphysique de l'affaire ? Que l'on aille au-devant d'une civilisation dans laquelle chacun a son propre système de filtre, c'est-à-dire que chacun se fabrique sa propre encyclopédie. Aujourd'hui, une société avec cinq milliards d'encyclopédies concurrentes est une société qui ne communique plus. »

---

1. http://www.lesoir.be/la_vie_du_net/actunet/les-big-brothers-du-net-2008-01-22-572788.shtml
2. Colloque virtuel Écrans et réseaux, vers une transformation du rapport à l'écrit ? http://www.text-e.org/conf/index.cfm?ConfText_ID=11

Bibliographie

BRETON, Philippe. *Le culte de l'Internet : une menace pour le lien social ?* Paris : La Découverte, 2000.

BRETON, Philippe. *L'utopie de la communication : Le mythe du "village planétaire"*. Nouvelle édition augmentée. Paris : La Découverte, 1997.

BRETON, Philippe. *La tribu informatique : Enquête sur une passion moderne*. Paris : Métailié, 1990.

BRIGHELLI, Jean-Paul. *La fabrique du crétin : La mort programmée de l'école*. Paris : Gawsewitch, 2005.

CARR, Nicholas G. *The Big Switch : Rewiring the World, from Edison to Google*. New York : W. W. Norton & Company, 2008.

CASSIN, Barbara. *Google-Moi : La deuxième mission de l'Amérique*. Paris : Albin Michel, 2006.

DE ROSNAY, Joël. *La révolte du pronétariat : Des mass média aux média des masses*. Paris : Fayard, 2006.

DU ROY, Albert. *La mort de l'information*. Paris : Stock, 2007.

GOURDAIN, Pierre ; O'KELLY, Florence ; ROMAN-AMAT Béatrice... [et al.]. *La Révolution Wikipédia : Les encyclopédies vont-elles mourir ?* Paris : Mille et une nuits, 2007.

JEANNENEY, Jean Noël. *Quand Google défie l'Europe : Plaidoyer pour un sursaut*. Deuxième édition, revue, augmentée et mise à jour. Paris : Mille et une nuits, 2006.

JEANNERET, Yves. *Y a-t-il (vraiment) des technologies de l'information*. Villeneneuve d'Ascq : Presses universitaires du Septentrion, 2007.

KEEN, Andrew. *The cult of the amateur : how today's internet is killing our culture*. New York : Doubleday/Currency, 2007.

LARDELLIER, Pascal. *Le pouce et la souris : Enquête sur la culture numérique des ados*. Paris : Fayard, 2006.

LATRIVE, Florent ; LESSIG, Lawrence. *Du bon usage de la piraterie : Culture libre, sciences ouvertes*. Paris : Exils, 2004.

LESSIG, Lawrence ; SOUFRON, Jean-Baptiste et BONY, Alain. *L'avenir des idées. Le sort des biens communs à l'heure des réseaux numériques*. Lyon : Presses universitaires de Lyon, 2005.

LÉVY, Pierre. *World philosophie : Le marché, le cyberespace, la conscience*. Paris : Odile Jacob, 2000.

LÉVY, Pierre. *L'intelligence collective : Pour une anthropologie du cyberspace*. Paris : La Découverte, 1997.

MUSSO, Pierre. *Télécommunications et philosophie des réseaux : La postérité paradoxale de Saint-Simon*. Paris : Presses universitaires de France, 1997.

PIERRAT, Emmanuel. *La guerre des copyrights*. Paris : Fayard, 2006.

RHEINGOLD, Howard. *Smart Mobs : The Next Social Revolution*. Cambridge, MA : Basic Books, 2002.

VIRILIO, Paul ; PETIT, Philippe. *Cybermonde, la politique du pire : Entretien avec Philippe Petit*. Paris : Textuel, 1996.

VISE, David A. ; MALSEED, Markand. *Google Story*. Paris : Dunod, 2006.

WOLTON, Dominique. *Internet et après ? : Une théorie critique des nouveaux médias*. Paris : Flammarion, 1999.

Index

A

addiction
- Internet 97

adresse IP 143
Adwords 17
- concurrence déloyale 19

AgoraVox 116
Amazon 109
anonymat 63, 70, 143, 145
- spam 150

AOL 158
Apple 158
Assouline Pierre 73, 111, 114
auteur
- anonymat 145

autorité de certification 153

B

baladodiffusion Voir podcasting
Beacon
- Facebook 169

Bergadaà Michelle 125
Berners-Lee Tim 76, 88
Bibliothèque Nationale de France Voir BNF
bibliothèque numérique 9
- européenne 10

BitTorrent 31
blog 110
- anonymat 146
- commentaires 114
- condamnation d'élèves 113
- diffamation envers des profs 102
- publicitaire 63
- publicité 115
- Skyrock 112

blogosphère
- taille 112

BNF 9
Brighelli Jean-Paul 98
Brin Sergey 4
- Patriot Act 23

Burning Man 3
Bush Vannevar 76
buzz 63

C

Canal+ 47
canular Voir hoax
Carr Nicholas 84
CD
- chiffres des ventes 36

censure
- Chine 8
- Google 8
- loi Gayssot 9

citation
- droit 121

Citizendium 74
CNIL 141, 159
- Boîte à spam 166

commission
- Olivennes 48

Commission nationale de l'informatique et des libertés Voir CNIL
Compilatio.net 126
conservation
- des données des communications électroniques 144

contrefaçon 37
- plagiat 123

contrôle
- parental 98

copie privée 34
- jurisprudence 35

copier-coller 119
Creative Commons 50
cryptographie 152
- à clé publique 152
- libéralisation 153

culture
- numérique 95

D

DADVSI 37, 121
dématérialisation 41
d'Huy Pierre 139
Digital Rights Management Voir DRM
DivX 46
Dmoz 25
donnée à caractère personnel, 161
  traitement 162
DoubleClick
  rachat par Google 3
Dougherty Dale 76
doute 66
DRM 48
droit d'auteur 32
  exceptions 34
  Google 14
  remise en cause 40
droit de l'image 40
droit de paternité 46
droit des brevets 32
droit moral 33, 45
droit patrimonial 33
du Roy Albert 116

E

eMule 31
étude
  appropriation des nouveaux médias par les jeunes 93
Europeana 10
Exalead 24

F

Facebook 87, 148
  Beacon 169
  vie privée 168
facteur d'impact 4
FAI 46
FOO Camp 76
fournisseur d'accès à Internet Voir FAI
fracture numérique
  générationnelle 91
Free 47

G

Gallica 9
Gmail
  publicité ciblée 22
Gnutella 31
Google 1
  censure 8
  chiffres 2
  clics frauduleux 18
  conservation des données personnelles 21
  coupable de contrefaçon 19
  dédommagement pour des clics frauduleux 18
  démocratie 5
  données personnelles 19
  droit d'auteur 14
  dysfonctionnements 7
  enquête de la FTC 3
  expiration des cookies 20
  liens commerciaux 16
  modèle économique 16
  monopole 3
  régie publicitaire 17
Google Book Print Voir Google Book Search
Google Book Search 9
  contrats avec les universités 12
  plaintes 11
  universités partenaires 9
Google Desktop 22
Google News 14
  condamnation en Belgique 15
Google Video
  atteintes au droit d'auteur 15

H

Habermas Jürgen 83
hoax 58
Hoaxbuster 53

I

identification 143
identité 144
  usurpation 147
IFPI 50
immatériel 41
impact factor Voir facteur d'impact
indexation
  automatique 13
information
  validation 64, 146
Informatique et libertés
  loi du 6 janvier 1978 160
intelligence collective 79
interconnexion
  fichiers 160
Internet
  addiction 97
  filtrage 99
  traces 144
  usage par les ados 94
Internet Archive 8

J

Jeanneney Jean-Noël 10
Jeanneret Yves 136
journalisme
  citoyen 116

K

KaZaA 31
Keen Andrew 82
keylogger 100

L

Lanier Jaron 85
Lardellier Pascal 91, 112
LCEN 167
Le Monde 107
Lessig Lawrence 40
Lévy Pierre 79
licence globale 38, 42
  vote à l'Assemblée 39
lien commercial
  fraude 18
loi d'orientation et de programme pour l'avenir de l'école 134
loi Informatique et libertés 160
Loi pour la confiance dans l'économie numérique Voir LCEN

M

marché du disque
  chiffres 36
marketing viral 62
Mediapro
  étude 93
messagerie instantanée 94
modération 108, 148
monopole
  Google 3
MySpace 169

N

Napster 31
Nelson Ted 76
nétiquette 58, 60, 93
numérisation
  livres 9
numéro INSEE 160

O

œuvre
  altération 46
  définition 32
  durée de protection 40
  représentation 42
Olivennes Denis 48
O'Reilly Tim 76

P

P2P 31
  chute des ventes de CD 36
  copie privée 34
Page Larry 4
PageRank 3
  citations 4
  démocratie 4
  étymologie 4
  modification artificielle 6
parents
  rôle 95
Patriot Act 23
peer-to-peer Voir P2P
Penny Brown 60
Pisani Francis 86, 111
plagiat
  chez les lycéens et étudiants 124
  droit d'auteur 123
  enquête 126
  étymologie 120
  outil de détection 126
podcasting 137
PowerPoint
  présentation 139
presse
  loi 148
Privacy foundation 157
projet SAFARI 159
propriété
  industrielle 32
  intellectuelle 32
  littéraire et artistique 32
publicité
  liens commerciaux 16

Q

Quaero 24

R

rapport Braibant 170
recherche
  différenciation des liens commerciaux 17
  en texte intégral 13
réseaux sociaux 86
  vie privée 168
responsabilité
  éditoriale 150
RFC 58

Rheingold Howard 81
RSS 78

S

scam 53
Scroogled 27
Signal spam 166
signature électronique 151
    autorité de certification 153
    fonctions 154
    légalisation 153
site Web
    identification du propriétaire 146
    modération 148
Skype 31
Smith Adam 13
socle commun 134
Sommet mondial sur la société de l'information 136
spam 150, 164
    chiffres 165
    condamnations 166
    étymologie 151
    interdiction dans la LCEN 167
Spock 160
stress
    électronique 56

T

technologies de l'information et de la communication pour l'enseignement Voir TICE
téléchargement
    illégal 37
    légal 48
TICE 133
    instruments de la contre-révolution 140
traitement
    de données à caractère personnel 162
traitement de données
    droits 164

U

universités
    classement de Shanghai 5
usurpation d'identité 147

V

validation 64
    a posteriori 64, 65
Véronis Jean 111
vidéo à la demande Voir VOD
vie privée 157
    réseaux sociaux 168
Virilio Paul 57
vitesse 55
VOD 36
vote électronique 141

W

watermarking 47
Web
    origine 76
Web invisible 7
Web 2.0 75, 136
    étymologie 76
Web 3.0 88
weblog Voir blog
Whois 146
Wikipédia 66
    article paru dans *Nature* 72
    audience 67
    définition du projet 69
    encyclopédie sans auteurs 70
    projet encyclopédique 67
Wolton Dominique 56

Y

Yahoo! 158
You Tube
    plainte de Viacom 15
    rachat par Google 15

Z

Zeldin Theodore 144

051586 - (I) - (2,8) - OSB 100° - ARC - JME - Imprimerie Nouvelle - 45800 Saint-Jean de Braye
N° d'Imprimeur : 424381J - Dépôt légal : mars 2008 - *Imprimé en France*